Wie ein Netz voller Fische

MATERIALIEN ZUR GEMEINDEARBEIT

☐ Kleinkinder
■ Kinder
☐ Jugendliche
☐ Familien
☐ Senioren

Bibliografische Information Der Deutschen Bibliothek

Die Deutsche Bibliothek verzeichnet diese Publikation in der Deutschen Nationalbibliografie; detaillierte bibliografische Daten sind im Internet über http://dnb.ddb.de abrufbar.

© 2003 Verlag Junge Gemeinde, Leinfelden-Echterdingen
und Verlag Katholisches Bibelwerk GmbH, Stuttgart
1. Auflage
Umschlag, Typografie und Herstellung:
Dieter Kani, Stuttgart
Illustrationen: Dorothea Layer-Stahl, Winnenden
Druck- und Bindearbeiten:
Buch- und Offsetdruckerei Paul Schürrle, Stuttgart

ISBN 3-7797-0401-3 (Verlag Junge Gemeinde)
ISBN 3-460-25005-4 (Verlag Kath. Bibelwerk)

Brigitte Messerschmidt/Dieter Witt (Hrsg.)

Wie ein Netz voller Fische

Ein bunter Kreativmarkt
mit Vorschlägen zum Basteln,
Gestalten und Erzählen

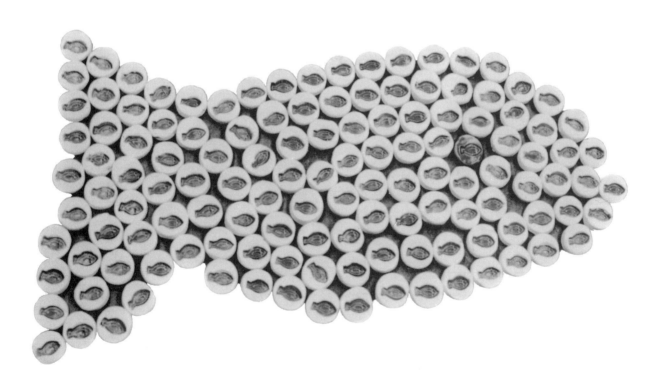

Verlag Junge Gemeinde

Verlag Katholisches Bibelwerk

Inhalt

Zu diesem Buch 6

Gestaltungen für den Kindergottesdienstraum 9

Advents- und Weihnachtsaltar 10
Altarkreuz aus Holz 12
Am Ende des Weges ein neuer Beginn 14
Korn, das in die Erde, in den Tod versinkt 16
Holzbuttons selbst gemacht 18
Labyrinth 19
Paramente in Seidenmaltechnik 21
Regenbogenlichter 23

Kreatives zum Erzählen biblischer Geschichten 25

Bauen ohne Zement und Klebstoff 26
Einfache Marionetten 27
Figuren aus Holz, Filz und Pfeifenputzern 29
Flaschenpuppen 30
Kamishibai 32
Memory zu biblischen Geschichten 35
Menschen an der Krippe 41
Der Regenmacher 43
Rollenpüppchen 44
Schattenspiel mit Holzrahmentheater und Spielfiguren 46
Schrubberpuppe 48
Wie Jona in den Walfisch kommt 50
Wir sitzen alle in einem Boot 52

Ideen für viele Gelegenheiten 55

Aktion Tauferinnerung 56
Angelspiel 58
Einfacher Papierhubschrauber 59
Eine Zeitschrift für den Kindergottesdienst: Der Kigo-Bo(o)te 60
Filmdosen – ein vielseitiges Material 61
Fingeralphabet 63
Flying fish 64
Kerzen verzieren 65
Kinderknete 67
Linoldruck 68
Maschendrahtbilder 70
Sandbilder 71
Seidentücher in der Mikrowelle oder mit dem Bügeleisen fixieren 72
Sonnenmassage 73
Stempel aus Moosgummi 74
Taufschalen gestalten 76
Zucker-Kreide-Bilder 77

Bastelarbeiten und kleine Geschenke 79

Baum mit Mensch und Taube	80
Blütenkarten	82
Blumen aus Eierkarton	83
Ein Netz voller Fische	84
Fische aus einem gedrechselten Holzkranz	85
Fischanhänger aus Ton	86
Eschenauer Kinderbibel	88
Glocken	91
Kreuze und Fische aus Kokosnussschalen	92
Menschen mit Herz	93
Schablonen-Ausspardruck	94
Sternen-Aufsteller	98
Strohkörbe – Wir ziehen alle an einem Strang	99
Tannenbaum mit Teelicht	100
T-Shirts mit Sprühfarben gestalten	101
Von der Raupe zum Schmetterling	102
Weg-weise-r	104
Zerteilte Zungen	105

Anhang

Register der Bibelstellen	106
Stichwortverzeichnis	107
Register nach weiteren Kriterien	108
Bezugsadressen für einige spezielle Materialien	110

Zu diesem Buch

Kreative Ideen fördern eine lebendige Kirche mit Kindern.

Mit diesem Buch erhalten Sie
— Unterstützung beim Vermitteln biblischer Geschichten;
— Zeichen der Erinnerung, die aus dem Gottesdienst in den Alltag hinein mitgenommen werden;
— Ideen, um den Gottesdienstraum zu gestalten;
— Geschenke für Kinder;
— und vieles mehr.

Die Quelle für dieses Buch ist der **Kreativmarkt** bei der **Gesamttagung für Kindergottesdienst** in der Evangelischen Kirche in Deutschland. Die Gesamttagung für Kindergottesdienst ist ein Höhepunkt für Menschen, die überwiegend ehrenamtlich in der Kirche mit Kindern aktiv sind. Alle vier Jahre kommen zu diesem Großereignis etwa 4000 Menschen in einer Stadt zusammen. Bei den vergangenen beiden Gesamttagungen in Nürnberg (1998) und Duisburg (2002) wurde der **Kreativmarkt** zu einem besonderen Anziehungspunkt. Etwa vier Stunden lang zeigten Mitarbeiterinnen und Mitarbeiter aus mehr als 50 Gemeinden und Kindergottesdiensten etwas aus ihrer praktischen Arbeit. An zahllosen Tischen konnten Techniken erprobt, Ideen erlebt, Anleitungen erfragt werden.

Dieses kunterbunte und vielfältige Angebot ist nun in der Reihe »**Materialien zur Gemeindearbeit**« zu einem Buch geworden und wird so auch jenen zugänglich, die nicht selbst dabei sein konnten.
Durch die **ökumenische Produktion** des Verlags Junge Gemeinde und des Katholischen Bibelwerkes erweitert sich der Kreativmarkt zu einer Tausch- und Begegnungsbörse für Mitarbeiterinnen und Mitarbeiter von Kindergottesdiensten über die Konfessionen hinaus. Eine lange evangelische, von Laien getragene Gottesdienstpraxis mit Kindern begegnet den katholischen Traditionen von Kommuniongruppen und Wortgottesdiensten für die Jüngsten.

Danke sagen wir

— allen, die mit viel Freude und Engagement den Kreativmarkt gestaltet haben;
— allen, die dafür Sorge getragen haben, dass der Kreativmarkt bei den Gesamttagungen für Kindergottesdienst in Duisburg und Nürnberg stattfinden konnte. Insbesondere nennen wir hier: Ulrike Buhren, Ulrike Rau, Heinz Scheuermann und Verena Waeger.
— Ulrike und Wilhelm Buhren und Verena Waeger, die das Korrekturlesen übernommen haben.

Wir hoffen und wünschen, dass Mitarbeiterinnen und Mitarbeiter in diesem Buch Unterstützung und Anregungen für ihre Arbeit finden und dass Kinder mit ihnen gemeinsam lebendige und kreative Gottesdienste gestalten und feiern.

Brigitte Messerschmidt und Dieter Witt
Die Herausgeber

Peter Hitzelberger
Verlag Junge Gemeinde

Menschen, die etwas wagen, schwimmen gegen den Strom!

Beim Kreativmarkt der Gesamttagung für Kindergottesdienst in Duisburg vom 9.–12. Mai 2002 lud eine Gruppe zu einem kleinen Gewinnspiel ein. Hier ist das Rätsel:

Durch Umlegen von drei Streichhölzern und des Auges schwimmt unser Fisch in die entgegengesetzte Richtung!

Vorgestellt vom Kindergottesdienst in Neunkirchen am Brand.

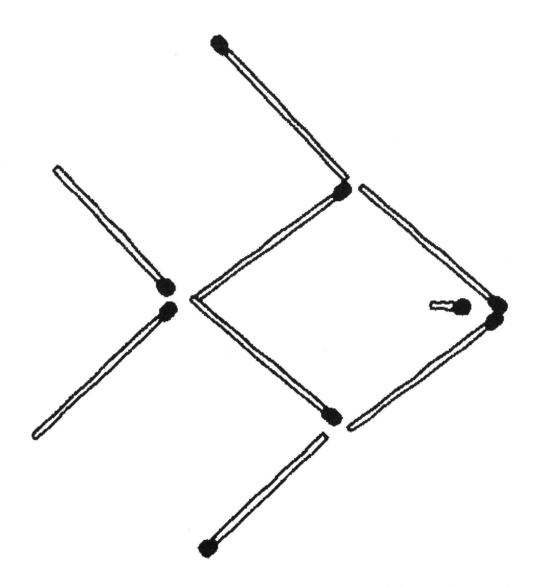

(Die Lösung finden Sie auf Seite 111.)

# Gestaltungen für den Kindergottesdienstraum

Advents- und Weihnachtsaltar

■ Idee

Es begann mit der Lieferung einer Flipchart an unsere Kirchengemeinde. Die Verpackung, ein flacher, großer Karton mit zwei Deckelseiten, war viel zu schade zum Wegwerfen. Sie erinnerte uns an einen gotischen Flügelaltar. Damit war die Idee geboren: Wir gestalten mit den Kindern einen Flügelaltar.

■ Einsatzmöglichkeiten

Mit den Kindern besuchten wir den Kölner Dom und ließen uns in einer speziellen Kinderführung drei Flügelaltäre zeigen. Am darauf folgenden Sonntag brachten wir den großen Karton, den wir bereits mit Makulaturpapier überklebt und auf der Vorderseite in vier Felder unterteilt hatten, mit in den Kindergottesdienst. Sofort wurde den Kindern klar, was daraus entstehen sollte. Wir führten sie in unser Vorhaben ein, einen Advents- und Weihnachtsaltar zu bauen. Die Vorderseite sollte Motive zu den einzelnen Adventssonntagen zeigen, das Innere die Geburt Jesu. So entstand an vier Sonntagen und einem Nachmittag im Oktober/November der Altar. Ab dem 1. Advent war er in der Kirche über dem Altar montiert. Das Innenbild wurde an Heiligabend geöffnet und war noch bis zum Ende der Epiphaniaszeit zu sehen (Anm. f. kath. Leserinnen und Leser: Epiphanias = Fest der Erscheinung des Herrn; die Epiphaniaszeit geht bis zum Fest der Darstellung des Herrn).

■ Inhaltliche Verbindungen

Bei der äußeren Gestaltung des Altars haben wir uns von den Wochensprüchen* für die Adventssonntage leiten lassen (siehe Auflistung der Bibelworte und Abbildungen auf der rechten Seite). Die Innenmotive verbinden die Erzählung des Lukas- und des Matthäusevangeliums miteinander.

Besonders reizvoll an dieser Idee ist die Möglichkeit, über Wochen intensiv an Inhalten und ihrer gestalterischen Umsetzung zu arbeiten. Dies ist auch in einer Zusammenarbeit des Kindergottesdienstes mit anderen Gruppen der Gemeinde sehr schön. Und nebenbei eröffnet sich den Kindern ein Zugang zu den alten Flügelaltären.

Grundsätzlich ist ein ähnliches Vorgehen auch mit der Passions- und Ostergeschichte denkbar.

■ Material

— großer, stabiler Karton (der die Grundform liefert)
— Makulaturpapier und Kleister
— Materialien zum Malen, Kleben, Gestalten
— eine sichere Befestigungsmöglichkeit je nach örtlichen Gegebenheiten

■ So wird es gemacht

Der Karton wird mit Makulaturpapier beklebt, so dass eine einheitliche Grundfläche vorhanden ist.

Für den Flügelaltar wird eine entsprechende Holzkonstruktion hergestellt (Holzplatten und Rahmen), die Flügel werden mit Scharnieren am Mittelteil befestigt. Darunter ist eine ebenfalls zu öffnende Predella gestaltet (siehe Fotos auf der rechten Seite).

Die Wochensprüche oder andere zueinander passende Bibelstellen (z.B. aus der Leseordnung der Kirchen für die jeweilige Kirchenjahreszeit) werden in Gruppen entfaltet und Gestaltungsideen dazu entwickelt.

Reliefartige Werktechniken eignen sich besonders und bieten vielfältige Möglichkeiten der Gestaltung. Wir haben u. a. Wattekugeln, Stoff, Pappe und Wasserfarben verwendet.

Der Aufbau der äußeren und inneren Bilder ist hier nur in den Grundlagen wiedergegeben.

* *(Anmerkung: Wochenspruch = Bibelvers, der immer einer Woche zugeordnet ist; evangelische Tradition, die auf die Bibel als Lebensbegleiter verweist.)*

Außenansicht (Altar geschlossen) ▶
(Bildmotive für die vier Adventssonntage):

1. Advent (unten links)
»Siehe, dein König kommt zu dir,
ein Gerechter und ein Helfer.«

2. Advent (oben links)
»Seht auf und erhebt eure Häupter,
weil sich eure Erlösung naht.«

3. Advent (unten rechts)
»Bereitet dem Herrn den Weg; denn siehe,
der Herr kommt gewaltig.«

4. Advent (oben rechts)
»Freuet euch in dem Herrn allewege,
und abermals sage ich: Freuet euch!
Der Herr ist nahe!«

Predella: Baum (unten Mitte)
(kann auch ein anderes Motiv sein)

◀ **Innenansicht:**
(Bildmotiv für die Weihnachtszeit)

Linker und rechter Flügel:
oben: jeweils Engel;
darunter Menschen (links)
und Hirten mit Schafen (rechts)

Mittelteil:
oben: Stern;
darunter: Maria und Josef
mit Jesuskind

Predella (unten Mitte):
Drei Weisen / Könige

Vorgestellt von Ferdinand Hackländer, Evang. Kirchengemeinde Leverkusen-Opladen.

Altarkreuz aus Holz

■ Idee

Sich eine Mitte für den Kindergottesdienst zu gestalten, gibt den Kindern ein Heimatgefühl im Gottesdienstraum. Das kann nicht nur durch ein von den Kindern gestaltetes Altartuch und durch Kerzen und/oder Blumen geschehen, sondern auch durch die Gestaltung eines eigenen Altarkreuzes.

■ Einsatzmöglichkeiten

Das Kreuz kann als Gemeinschaftsarbeit bei Kinderbibeltagen und im Kindergottesdienst entstehen.

Häufig sind in Kirchen ja Kreuze vorhanden. Vielfach sind sie auch künstlerisch wertvoll, aber nicht kindgemäß. Zuweilen sind sie – vor allem für jüngere Kinder – mit beängstigenden und bedrückenden Gefühlen verbunden. Ein von den Kindern gemeinsam gestaltetes Kreuz kann die wohltuende Nähe Gottes und die Zusammengehörigkeit untereinander und mit Jesus zum Ausdruck bringen. Dies bereitet dann den Boden, um sich in einem späteren Alter auch immer mehr mit den Härten und der Grausamkeit des Kreuzestodes Jesu auseinander zu setzen.

■ Inhaltliche Verbindungen

Vielfältige Gestaltungsmöglichkeiten des Kreuzes sind möglich, z.B. thematisch orientiert:
— Wo zwei oder drei in meinem Namen versammelt sind (Matthäus 18,20)
— Baum des Lebens (1. Mose/Genesis 2)
— Salz der Erde (Matthäus 5,13)
— Licht der Welt (Matthäus 5,14)
— Weinstock und Reben (Johannes 15)
— Guter Hirte (Psalm 23; Johannes 10)

■ Material

— Vierkantholz als Hochbalken (40 / 4 / 2 cm) (Abbildung = A)
— Vierkantholz als Querbalken (30 / 4 / 2 cm) (Abbildung = B)
— Standplatte (15 / 15 / 2 cm) (Abbildung = C)

Diese Maße sind Erfahrungswerte, die nach örtlichen Gegebenheiten individuell veränderbar sind. Bewährt hat sich eine Höhen-Breiten-Relation von 3 : 2.

■ Werkzeug

— Säge
— Pressklemme oder feste Schnur
— Holzleim
— Schraubendreher
— Holzschraube
— Sandpapier
— Fasermaler
— Filzstifte
— Klarlack
— Pinsel

■ So wird es gemacht

Der Kreuzrohling sollte von Mitarbeiterinnen und Mitarbeitern für die Kinder vorbereitet sein.

Man kann das Kreuz von den Kindern in unfertigem Zustand bemalen lassen. Dann geschieht das, solange die Holzteile noch nicht zusammengesetzt sind. Es ist aber auch möglich zu warten, bis das Kreuz fertig verleimt ist.

Der Holzrohling wird auf folgende Weise hergestellt:

Vierkanthölzer zusägen, Schnittkanten glatt schmirgeln. Einfräsung nach den Maßen in der Skizze anzeichnen (in der Skizze = a / b / c / d). Einfräsung für den Querbalken bis zu einer Tiefe von 1 cm anbringen.

Querbalken einleimen und mit der Pressklemme fixieren, bis der Leim getrocknet ist.

Auf der Standplatte die Mitte anzeichnen. Mit einer von unten durch die Standplatte gebohrten Holzschraube wird das Kreuz befestigt. Eventuell auch verleimen. Schraube wegen der Standfestigkeit gut versenken!

Wenn der Kreuzrohling fertig ist, kann er von den Kindern mit Stiften bemalt werden. Ein vorheriger Entwurf auf Papier ist empfehlenswert. Wenn die Farbgestaltung abgeschlossen ist, wird das Kreuz mit Klarlack überzogen, um es vor Ausbleichen und Verschmutzung zu schützen.

▶ *Tipp*

Wer sich die Herstellung des Kreuzes erleichtern will, der kann zu einem ortsansässigen Schreiner gehen und sich die Einfräsung für die Verzahnung der Balken von ihm machen lassen. Vielleicht gibt es auch einen Hobbybastler im Umfeld der Kinderkirche, der sich freut, um Hilfe gebeten zu werden.

Vorgestellt von Alina und Françoise Moosmann, Ökumiki (ökumenische Kirche mit Kindern) der Kirchengemeinde Maria Geburt, Schwarzenacker, Homburg.

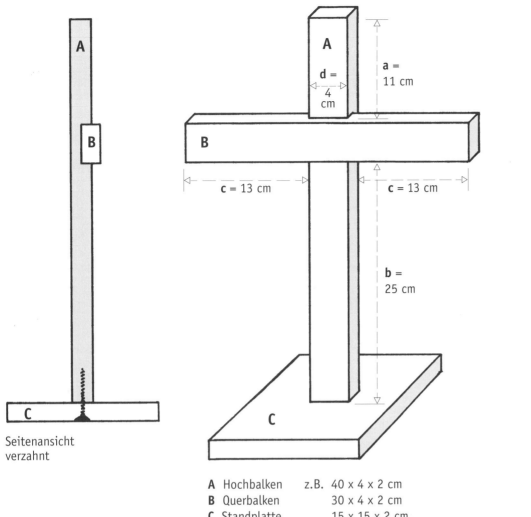

A Hochbalken	z.B.	40 x 4 x 2 cm
B Querbalken		30 x 4 x 2 cm
C Standplatte		15 x 15 x 2 cm

Seitenansicht verzahnt

Seitenansicht einzeln

Am Ende des Weges ein neuer Beginn
Bodenbild mit einer Stoffbahn

■ Idee

Kinder beschäftigen sich mit der Frage von Tod und Auferstehung durch eigenes Erleben (Tod eines Haustieres, Fallen der Blätter im Herbst, Winterstarre und -schlaf bei Tieren, Sterben eines Familienangehörigen oder Freundes).
Das Thema Tod und Auferstehung sollte daher im Kindergottesdienst behandelt werden. Es kann im Verlauf des Kirchenjahres in der Passions- und Osterzeit sowie am Ende des Kirchenjahres (November) vorkommen. Es kann aber auch durch einen Todesfall im Umfeld der Kinder wichtig sein, die Fragen der Kinder aufzugreifen und aufzuarbeiten.
Eine in S-Form gelegte Stoffbahn symbolisiert den Lebensweg und – ab dem Wendepunkt – das neue Leben.

■ Einsatzmöglichkeiten

Als wiederkehrende Mitte für eine Kindergottesdienstreihe zum Thema »Leben, Tod und Auferstehung«. Entsprechend abgewandelt, kann diese Idee auch als Mitte bei einer Einheit zum Thema »Taufe« verwendet werden.
Der von den Kindern und Jugendlichen bisher zurückgelegte Lebensweg wird durch Gegenstände verdeutlicht, die an einem Ende beginnend auf das Tuch gelegt werden: z.B. kleiner Strampelanzug, Nuckel (o.ä.), Taufurkunde, Kinderspielzeug, Schultüte, Konfirmationsurkunde. Dann folgen aus Tonpapier ausgeschnittene Füße, die weitere denkbare Lebensabschnitte symbolisieren: Kindergartenzeit, Einschulung ...
Aus Aststücken zusammengebundene Kreuze deuten den Tod an. Am Wendepunkt – der Mitte – des S-förmigen Bodenbildes bezeichnet eine Kerze die Auferstehung.
Kinderzeichnungen zum Thema: »Wie ich mir das Leben nach dem Tod vorstelle« schließen sich an. Mit Moos und Blumen bunt gestaltete Ostergärtchen in Schalen bilden den nächsten Abschnitt der gestalteten Mitte. Kerzen, die mit Auferstehungssymbolen aus Wachsstreifen verziert sind, symbolisieren die Hoffnung auf Leben, das nicht vergeht.

■ Inhaltliche Verbindungen

Optische Mitte bei einer thematischen Einheit über mehrere Sonntage:
mein Lebensweg
Tod, und was dann?
Tod und Auferstehung
Passion und Ostern
Ewigkeitssonntag
Taufe

■ Material

— ca. 7–12 m lange Stoffbahn
— Gegenstände für den Lebensweg: Strampelanzug, Nuckel, Taufurkunde, Kinderspielzeug, Schultüte, Konfirmationsurkunde usw.
— aus Tonpapier ausgeschnittene Füße für den weiteren Lebensweg
— Aststücke und Schnur
— Schale mit Kerze
— Kinderzeichnungen zum Thema: Leben nach dem Tod
— Glasschälchen oder Partyteller mit Blumenerde und Blüten als Ostergärtchen
— Kerzen, die mit Wachsstreifen und Auferstehungssymbolen verziert werden

■ So wird es gemacht

Das Tuch wird in S-Form ausgelegt.
Es ist als wiederkehrende optische Mitte für mehrere Sonntage gedacht und wird nach und nach mit den Symbolen für den Lebensweg und das Leben nach dem Tod vervollständigt.
Bei der Besprechung des Lebensweges werden die entsprechenden Symbole nacheinander ins Bodenbild eingebracht: zunächst die oben aufgeführten Gegenstände. Fußspuren werden mit Stichworten für weitere Stationen des Lebensweges beschriftet. Als Symbol für den Tod werden zwei Aststücke zu einem Kreuz zusammengebunden. Als Symbol für die Auferstehung wird eine Kerze entzündet.
Die Kinder malen Bilder zum Thema: Leben nach dem Tod. Sie gestalten z.B. Ostergärtchen aus Moos und blühenden Blumen in Partytellern oder Glasschälchen.
Zum Schluss können noch Kerzen, die mit Ostersymbolen verziert sind, auf das Tuch gestellt werden.

Vorgestellt von Lisa Schulz und Stephanie Schmitz-Gieling, Helferteam an der Bielertkirche, Leverkusen-Opladen.

Korn, das in die Erde, in den Tod versinkt
Bodenbild aus Naturmaterialien

■ Idee

Das Thema »Tod« ist bei Kindern und Jugendlichen von großem Interesse, obwohl es gesellschaftlich oft tabuisiert ist. Für einen Jugendgottesdienst wurde ein optisches Symbol für das Thema »Tod und Auferstehung« gesucht. Ein Bodenbild aus dunklen und hellen Naturmaterialien für Tod und Auferstehung sowie einem Spruchband mit den Worten: »Ich bin bei euch!« erwies sich als aussagekräftig und ansprechend.

■ Einsatzmöglichkeiten

In Gottesdiensten, bei denen die Teilnehmer um eine gestaltete Mitte herum sitzen, sind solche spiralförmigen Bodenbilder sehr bewährt. Sie können z.B. im Kindergottesdienst, Familiengottesdienst, Jugendgottesdienst und bei Freizeiten eingesetzt werden.
Thematische Verknüpfungen: Tod und Auferstehung, Passion und Ostern.

■ Material

— Baufolie als Unterlage
— Schale mit Kerzen (z.B. Stumpenkerzen)
— Moos und Blumen
— Blumenerde
— weiße Marmorkiesel (Baumarkt)
— Glasschälchen
— Kresse
— 7–12 m gelbes Band (4 cm breit) aus dem Floristikbedarf
— schwarzer Stoffmalstift

■ So wird es gemacht

Vorbereitung
In fünf kleine Glasschälchen wird acht Tage vor dem geplanten Aufbau Blumenerde gefüllt und im Abstand von jeweils zwei Tagen Kresse eingesät und gegossen.

Aufbau des Bodenbildes
Die Baufolie wird als Unterlage ausgebreitet. In die Mitte wird eine Schale mit einer oder mehreren Kerzen gestellt. Von dieser Mitte aus wird mit den weißen Marmorkieseln eine Spirale von innen nach außen gelegt (s. Skizze). Dabei ist zu bedenken, dass parallel zu dieser Spirale die helle und die dunkle Spur gelegt werden soll und – wenn das Spiralbild begehbar sein soll – auch eine weitere Spur frei bleiben muss. Es ist also auf den nötigen Abstand zu achten.
Es ist sinnvoll, das gelbe Band zunächst probeweise in die Spirale einzubringen, um es in der richtigen Länge abschneiden zu können.
Dann werden aber zuerst die parallel verlaufenden Spuren gelegt. Dabei bilden die Marmorkiesel die Trennungslinie zwischen der hellen und der dunklen Spur. Die dunkle Spur, die den Lebensweg bis zum Tod symbolisiert, wird mit Hilfe der Blumenerde gelegt. Die helle Spur, die auf das Leben nach dem Tod hindeutet, legt man mit Moos und schmückt sie mit Blumen. In die dunkle Spur werden die Schälchen mit der Kressesaat von außen nach innen gestellt. Das fortgeschrittenste Stadium der Kressesaat kommt am weitesten zur Mitte. Die optische Abgrenzung der einzelnen Spuren kann durch Marmorkiesel noch unterstützt werden.
Mit dem Stoffmalstift wird das gelbe Band beschriftet: z.B. mehrfach mit den Worten: Jesus sagt: »Ich bin bei euch alle Tage!« (Matthäus 26,20) und / oder: »Wer an mich glaubt, wird leben, selbst wenn er stirbt!« (Johannes 11,25). Anschließend wird das gelbe Band als Mittelspur zu den Marmorkieseln in das Bodenbild gelegt. Dabei können die Kiesel als Fixierung dienen.

Vorgestellt von Florian Schulz und Kathrin Bräker, Kindergottesdienstteam an der Bielertkirche, Leverkusen-Opladen.

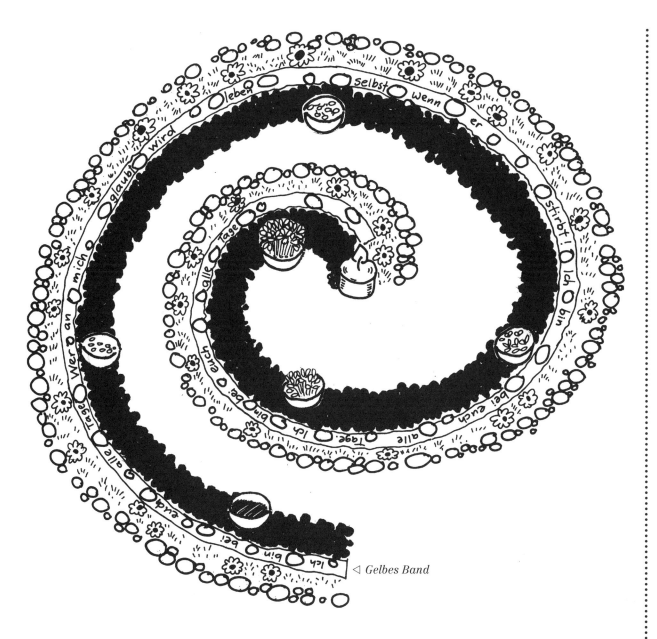

◁ Gelbes Band

Holzbuttons selbst gemacht

■ Idee

Im Schulanfängergottesdienst bekommen alle Kinder ein Namensschild, das ihnen in den ersten Schultagen hilft, einander kennen zu lernen. Das Namensschild soll schön sein, an den Gottesdienst erinnern und haltbar sein.

■ Einsatzmöglichkeiten

Die Idee entstand bei Schulanfängergottesdiensten. Die Buttons sind aber auch zu anderen Gelegenheiten einsetzbar. Für den Schulanfängergottesdienst werden die Buttons von Mitarbeiter/innen vorbereitet und den Kindern geschenkt. Bei anderen Gelegenheiten können Kinder selbst die Buttons gestalten. Unterschiedliche Kennzeichen können die Gruppenzugehörigkeit erkennbar machen.

■ Inhaltliche Verbindungen

»Ich habe dich bei deinem Namen gerufen ...« (Jesaja 43,1)
Gemeinschaft, füreinander da sein

■ Material und Werkzeug

— Ein Kantholz wird rund gedrechselt (Durchmesser mindestens ca. 5 cm), oder ein entsprechend dickes Rundholz eingekauft
— stabiles Papier
— Holzleim
— Lack
— Eddingstift
— Lederbändchen
— Säge, Bohrer, Pinsel

■ So wird es gemacht

Für die Holzarbeiten kann man bestimmt einen Schreiner oder einen geübten Handwerker gewinnen. Von dem Rundholz werden Scheiben abgesägt. Die Kanten werden abgeschmirgelt. Das gewünschte Motiv wird entworfen und auf eine Größe gebracht, die auf den Button passt und noch Raum für den Namenszug lässt. Es wird so auf starkes Papier kopiert, dass es kreisrund entsprechend der Buttongröße geschnitten werden kann. (Es gibt Kreisschneider für Papier in guten Bastelgeschäften oder manchmal als Stanz-Zubehör bei Buttonmaschinen, die in vielen Jugendhäusern vorhanden sind.)
Das Papier wird mit Holzleim aufgeklebt und muss über Nacht trocknen. Dann kann darüber lackiert werden. Auf den Lack kann mit einem Eddingstift der Name geschrieben werden.

Im Schulanfängergottesdienst werden die Kinder gruppenweise nach vorn gerufen (nicht namentlich, weil Nichtanwesende auf keinen Fall bloßgestellt werden dürfen!). Die Buttons sind entsprechend vorsortiert. Die Kinder bekommen ein Segenswort gesagt und ihren Button umgehängt.
Es sollten immer auch unbeschriftete Buttons bereitgehalten werden, um für Kinder, die nicht auf der Liste standen, auch einen Namensbutton zu haben.

Vorgestellt von Ch. Lammers-Beier, Kinderkirche Ochtersum.

Labyrinth

■ Idee

Labyrinthe laden ein, sich auf den Weg in die Mitte zu machen. Sie sind mit unterschiedlichen Inhalten zu füllen.
Das Einweg-Labyrinth lässt keine Angst aufkommen sich zu verirren, es bietet einen »sicheren« Weg und lädt darum besonders zur Meditation und zum Nachdenken ein.

■ Einsatzmöglichkeiten

Ein begehbares Labyrinth auf dem Kirchplatz oder auf der Gemeindewiese kann als einmalige Aktion oder als feste Einrichtung gestaltet werden. Das Anlegen braucht Platz und Zeit.
Als Zeichnung auf Papier lässt es sich kopieren und mit dem Stift »nachgehen«.

■ Inhaltliche Verbindungen

Es würde den Rahmen dieses Buches sprengen, alle Hintergründe und Zusammenhänge zu benennen, mit denen Labyrinthe in der Geschichte und bis heute verbunden sind. Darum verweisen wir hier auf verschiedene Veröffentlichungen, die dazu Material liefern:

Elsbeth Bihler, Symbole des Lebens – Symbole des Glaubens, Werkbuch für Religionsunterricht und Katechese, Band 2, Lahn Verlag, 3. Auflage 1998
Gernot Candolini, Das geheimnisvolle Labyrinth, Mythos und Geschichte eines Menschheitssymbols, Pattloch Verlag 1999
Peter Hofacker, Matthias Wolf, Labyrinthe – Ursymbole des Lebens, Werkbuch für Gemeinde, Gottesdienst und Schule, Herder Verlag 2002
Hermann Kern, Labyrinthe, Prestel Verlag 1999
Ursula Klauke / Norbert Brockmann, Angedacht, Materialien für Gruppenarbeit und Gottesdienst, Band 1, Grünewald Verlag 1997

■ Material

— Farbe oder Schnüre, um die Linien zu markieren.
— Abstandmaß, damit der Weg immer gleich breit bleibt (mind. 40 cm).
— Für die Gestaltung der Mitte wählt man man etwas Schönes, Wohltuendes, Anregendes, das man je nach Thema variieren kann.
— Eventuell Musik zur Begleitung des Weges.

■ So wird es gemacht

Schnur zuschneiden:
2 x Schnur A: je 1,60 m
4 x Schnur B: je 0,80 m
Schnur 1:   0,63 m
Schnur 2:   1,88 m
Schnur 3:   3,77 m
Schnur 4:   6,28 m
Schnur 5:   8,80 m
Schnur 6:   11,31 m
Schnur 7:   14,45 m
Schnur 8:   18,22 m
insgesamt ca. 72 m

Entsprechend den Zeichnungen (siehe S. 20) die Schnüre legen: Aus den beiden Schnüren A und den vier Schnüren B wird das Mitte-Kreuz gelegt, dann verbinden die Schnüre 1–8 nach und nach die angegebenen Punkte.
Wenn man den Weg breiter als 40 cm macht, braucht man längere Schnüre.
In diesem Maßbeispiel wird das Labyrinth eine Größe von 5,20 m x 6 m haben.

Einige Ideen zur Begehung des Labyrinths

— Vor dem Labyrinth stehen bleiben und betrachten:
— Was ist im Leben wie ein Labyrinth? Im Labyrinth geht es immer hin und her. Was geht noch hin und her? Wo ist die Mitte? Was bedeutet für mich Mitte? Wie sieht mein Weg aus? Was treibt mich vorwärts auf meinem Weg? Welche Hoffnungen habe ich? Welche Ängste und Sorgen? Was lähmt mich?
— Das Labyrinth mit einem Satz begehen. Dazu am Eingang einen Korb mit Sprüchen bereitstellen.
— Alleine durchgehen.
— In Abständen hineingehen (d.h. es ergeben sich Begegnungen unterwegs).
— In einer Kette durch das Labyrinth gehen.

Drei Etappen des Weges sind wichtig:
Hineingehen: Abwerfen, loslassen, was gerade bedrückt. Zur Ruhe kommen. Dem Weg vertrauen, der zur Mitte, zur Quelle führt.
Ruhen: In der Mitte verweilen, Platz zur Meditation, zum Gebet. Empfangen, was dort zu empfangen ist.
Hinausgehen: Klarheit gewinnen, neue Kraft bekommen, Gott entgegen gehen, das Leben gestalten.

Vorgestellt von Kristin Ament und Mona Krausgrill, Nieder-Weisel.

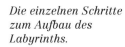

Die einzelnen Schritte zum Aufbau des Labyrinths.

Eines der bekanntesten Labyrinthe findet sich in der Kathedrale von Chartres, Frankreich.

Paramente in Seidenmaltechnik

Idee

In dem Ringbuch: »Mit Kindern Gottesdienst feiern«, herausgegeben von Johannes Blohm (erhältlich über den Landesverband für Evang. Kindergottesdienst in Bayern, Sperberstr. 70, 90461 Nürnberg) fanden wir Abbildungen zur Gestaltung von Paramenten für die Kirchenjahreszeiten (S. 62–64).

Unserem Kindergottesdienst durch eigene Paramente eine besondere Note zu verleihen, fanden wir eine reizvolle Idee. Als Technik für die Umsetzung erschien uns die Seidenmalerei gut geeignet.

Einsatzmöglichkeiten

Grundsätzlich eignet sich die Seidenmaltechnik für die Darstellung einfacher Symbole, vieler biblischer Geschichten, eines eigenen Kindergottesdienst-Logos und für vieles andere mehr. Hier wird die Herstellung von Paramenten als Schmuck des Kirchenraumes vorgestellt.

Wenn alle Kirchenjahreszeiten als Parament vorhanden sind, können sie je nach Kirchenjahreszeit gewechselt werden.

Die Paramente können im Kindergottesdienst von den Kindern oder von den Mitarbeiter/innen hergestellt werden.

Inhaltliche Verbindungen

Erklärung verschiedener christlicher Symbole und der dazugehörigen biblischen Geschichten und des Kirchenjahres:

Vorbereitungszeiten
Liturgische Farbe: Violett

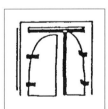

ADVENT

Text zur Interpretation:
Adventszeit – Er kommt. Jesus wird in Bethlehem geboren. Auf Weihnachten freuen wir uns. Allen Menschen will er helfen. Die geöffnete Tür zeigt, dass wir auf ihn warten und unsere Herzenstür öffnen.

PASSIONSZEIT

Text zur Interpretation:
Wir begleiten Jesus auf seinem Leidensweg. Wir sehen die Dornenkrone, das Zeichen des Spottes und der Erniedrigung. Jesus – ein König ohne Macht und Reichtum. Jesus – ein König, der sein Leben für uns hingibt.

Christusfeste
Liturgische Farbe: Weiß

WEIHNACHTEN

Text zur Interpretation:
An Weihnachten feiern wir, dass Christus, der Retter, da ist. Das sagt uns das Christusmonogramm mit den griechischen Anfangsbuchstaben des Wortes »Christus«: X P

OSTERN

Text zur Interpretation:
Hell und weit strahlt die Ostersonne: Jesus ist auferstanden! Auch das Kreuz Jesu auf dem braunen Erdhügel ist hell und licht: Es ist zum Zeichen der Hoffnung und des neuen Lebens geworden.

Kirchenfeste
Liturgische Farbe: Rot

PFINGSTEN
REFORMATIONSTAG
KIRCHWEIH

Text zur Interpretation:
An Pfingsten feiern wir, dass Gottes Heiliger Geist zu uns kommt. Die rote Farbe erinnert uns an Feuerflammen. Sie erzählen uns von der Freude und der Begeisterung der Jünger. Versteckt seht ihr ein Dreieck: Das Zeichen für Gott den Vater, den Sohn und den Heiligen Geist.

Der Heilige Geist ist als Taube zu sehen, die vom Himmel steil auf die Erde herabfliegt: Gottes Kraft, seine Liebe, sein Licht kommt auf die Erde und erfüllt die Christen.

Festlose Zeit
Liturgische Farbe: Grün

SONNTAGE NACH EPIPHANIAS
(ERSCHEINUNG DES HERRN)
BIS ZUR PASSIONSZEIT

Text zur Interpretation:
Ein Fisch – er ist das Geheimzeichen der ersten

Christen. Im Römischen Reich wurden sie verfolgt und mussten sich verstecken. Die griechischen Anfangsbuchstaben des Wortes »Fisch« verraten, dass sie zu Jesus gehören.
Auch wir gehören zur weltweiten Gemeinde der Christen.

I = Jesus
CH = Christus
TH = Gottes
Y = Sohn
S = Retter

Litugische Farbe: Grün

Sonntage nach Trinitatis bis zum Ende des Kirchenjahres

Text zur Interpretation:
Die grüne Farbe bedeutet Wachsen und Reifen. Das Korn brauchen wir zum Leben. So wie das Brot brauchen wir auch Gottes Wort zum Leben. Menschen, die auf Gottes Wort hören und danach leben, sind wie die Saat, die aufgeht und viel Frucht bringt.
Die Trinitatiszeit (Anm. für katholische Leserinnen und Leser: Trinitatis = Dreifaltigkeitsfest; Trinitatiszeit = Zeit im Jahreskreis) nennt man auch die Zeit der Kirche. Sie endet am Ewigkeitssonntag (in der Katholischen Kirche: Christkönigsfest).

■ Material

— 1 Seidenmalrahmen mit Klammern
— Seidentücher 90 x 90 cm
— 2–3 Seidenmalpinsel
— Konturmittel in schwarz und gold
— Seidenmalfarbe, einbügelbar, je nach Themenbereich (am besten verwendet man für die Grundfarbe des Tuches je 2–3 Farbnuancen)
— Bleistift
— Bügeleisen

■ So wird es gemacht

Das Seidentuch wird auf den Rahmen gezogen und mit den Klammern straff gespannt. Die Konturen des Motivs werden mit Bleistift vorgezeichnet. Anschließend werden die Ränder und die Striche mit schwarzer Konturfarbe nachgemalt und – wo erforderlich – auch ausgemalt. Die Farbe muss über Nacht trocknen!
Jetzt sind die Kinder an der Reihe. Sie gestalten das Tuch, indem sie die Felder mit verschiedenen, dem jeweiligen Motiv entsprechenden Farben ausmalen. Wieder lassen wir die Farbe trocknen; evtl. werden sie mit einem Föhn vorsichtig trocken geföhnt. Anschließend wird das Tuch vom Rahmen genommen und von beiden Seiten sorgfältig gebügelt (Bügeleisen auf »Baumwolle« einstellen), um es zu fixieren und waschbar zu machen.

Vorgestellt von Elke Fürsattel und Kindergottesdienstteam Unterrüsselsbach.

Regenbogenlichter

■ Idee

Aus regenbogenfarbenem Laternenpapier und Teelichtern werden hübsche, einfach herzustellende Leuchten.

■ Einsatzmöglichkeiten

Mit Unterstützung von Erwachsenen können auch die Jüngeren im Kindergottesdienst schon Regenbogenlichter basteln.

■ Inhaltliche Verbindungen

Meditative Ausgestaltung von Gottesdiensten z.B. in der Weihnachts- und Osterzeit.
Die Regenbogenlichter wirken sehr gut in halbdunklen oder verdunkelten Räumen.
Sie können z.B. in Bodenbildern und gestalteten Mitten ihren Platz finden oder als Gebetskerzen bei den Fürbitten im Kindergottesdienst eingesetzt werden.

■ Material

— Regenbogenpergament (z.B. Firma Labbè, s. Seite 110)
— Tonpapier oder Fotokarton
— Bleistift
— Schere
— Klebestift
— Teelicht

■ So wird es gemacht

Mit der Vorlage (S. 24) ein Fünfeck aus Tonpapier oder Fotokarton als Schablone ausschneiden. Mit dieser Schablone den Umriss des Fünfecks auf Regenbogenpergament übertragen und ausschneiden.
An den Faltlinien (in der Vorlage gestrichelt) knicken und wieder öffnen. Von der Mitte der Fünfeckaußenlinien bis zum Schnittpunkt der Faltlinien einschneiden (in der Vorlage durchgezogene Linie).
Das innere Fünfeck bildet den Boden des Regenbogenlichtes.
Das Regenbogenpapier wird an den Faltlinien nach oben gebogen, so dass ein »Kelch« entsteht. Die übereinander geschobenen Flächen werden aneinander geklebt und ein Teelicht in den »Kelch« gestellt.

Vorgestellt vom Kindergottesdienstteam an der Bielertkirche, Leverkusen-Opladen.

*Kopiervorlage für die Regenbogenlichter.
Beim Kopieren um einen
DIN-Sprung (= 141%)
vergrößern.*

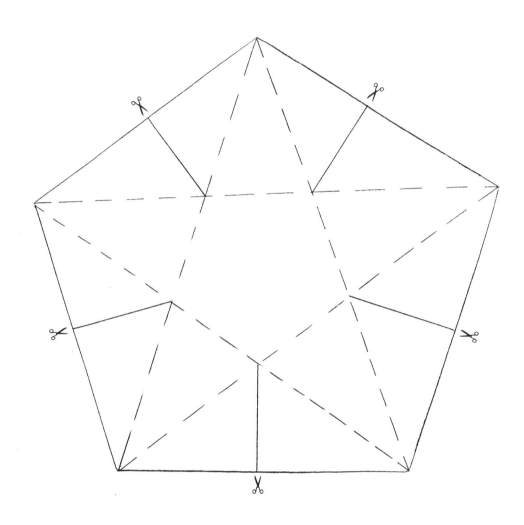

Kreatives zum Erzählen biblischer Geschichten

Bauen ohne Zement und Klebstoff

■ Idee

Aus einem natürlichen Stoff (bestehend aus pflanzlicher Stärke), der auch als Verpackungsmaterial verwendet wird, entstehen kleine Bauwerke, Figuren, Landschaften.

■ Einsatzmöglichkeiten

In vielfältiger Weise zum Gestalten von Szenen brauchbar. Insbesondere für kleine Gebäude, Brunnen etc. Auch für Reliefs oder einfache Figuren zu gebrauchen.
Auf Grund des völlig ungefährlichen Werkstoffes für jede Altersgruppe geeignet. Und weil kein Klebstoff nötig ist, ist auch jeder Raum und Tisch nutzbar – ohne Folgen!

■ Inhaltliche Verbindungen

Zur Darstellung vieler Geschichten in unterschiedlichster Form einsetzbar.

■ Material

Es gibt dieses Bastelmaterial im Handel, eingefärbt mit Lebensmittelfarben.
Wir fanden zwei Handelsbezeichnungen: Fischer-Tip und PlayMais. Beim Hersteller von Fischer-Tip wird das Material auch preiswert in großen Kartons für Kirchengemeinden, Kindergärten und Schulen angeboten (Bezugsquellen im Anhang, Seite 106).
Wir haben auch ein Füllmaterial ausprobiert, das zur Verpackung empfindlicher Waren genutzt wird. Es ist ebenfalls aus Maisstärke hergestellt und kompostierbar. Die Technik des Bauens funktioniert damit genauso. Diese Teile sind allerdings nicht farbverschieden. Das Material hat eine blassgrüne oder weiße Farbe.
Es lohnt sich evtl. in Haushaltsgeschäften vor Ort nachzufragen, ob dort Ware mit diesem kompostierbaren Verpackungsmaterial angeliefert wird.

Zusätzlich braucht man:
1 kleines Stück Schwammtuch
evtl. 1 Messer und Filzstifte

■ So wird es gemacht

Ein Schwammtuch wird leicht angefeuchtet. Ein Stück des Füllmaterials wird an der zu verbindenden Seite ein wenig feucht gemacht und an das anzufügende Stück leicht angedrückt. Die Teile haften sofort zusammen.

Wichtige Hinweise zur Handhabung:
Ganz wenig Feuchtigkeit! Sonst matscht das Teil einfach zusammen. (Diese Matsche ist allerdings als Klebstoff gut zu gebrauchen!)
Durch sanftes Drücken lassen sich die zylindrischen Teile formen, z.B. in eher eckige »Bausteine« oder flache.
Mit einem scharfen Messer lassen sich die Teile zuschneiden.
Das Anmalen fertiger Produkte ist mit weichen Filzstiften möglich. Wir empfehlen, nicht unbedingt alles flächig anzumalen, sondern mit eher sparsamem Farbeinsatz zu arbeiten.
Bei der Handelsware dieses Materials (Fischer-Tip) wird verschiedenes Arbeitsmaterial, z.B. zum Formen, mitgeliefert.

Vorgestellt von Bernd Klutschkow, Rotenburg; ergänzt von Brigitte Messerschmidt.

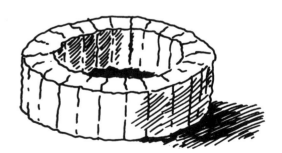

Einfache Marionetten

■ Idee

Aus einfachem Material wird eine Marionette hergestellt, mit der ohne Bühne sofort gespielt werden kann.

■ Einsatzmöglichkeiten

Kinder können diese Marionette leicht selber bauen.
Besonders für Kinderbibeltage usw. gut geeignet. Mit entsprechenden Figuren und einigen Hilfsmitteln kann eine Geschichte im Kreis der Kinder spielend erzählt werden.

■ Inhaltliche Verbindungen

Viele biblische Geschichten sind mit den Figuren spielbar. Es sollten nicht zu viele Personen vorkommen, weil dann das Spiel leicht unübersichtlich wird.
In Verbindung mit Spielliedern usw. kann die ganze Gruppe sich beteiligen und die Puppen tanzen lassen.

■ Material und Werkzeug

— Helle Stoffstücke ca. 40 x 40 cm (Kopf)
— bunte Stoffstücke 40 x 60 cm (Körper)
— Reste von Wolle, Filz, Fell o.ä. (Haare)
— Zeitungspapier, Küchenpapier o.ä. (Kopf)
— stabiler Faden zum Abbinden und Aufhängen
— Holzstab oder Aststück (Halteholz)
— Schere
— dicke Stopfnadel

■ So wird es gemacht

(Abbildungen dazu: siehe Seite 28)

1. Aus dem Papier wird ein Ball als Kopf geformt und mit dem hellen quadratischen Stoffstück bedeckt. Unten wird der Stoff fest zusammengenommen und zusammengebunden. Der Stoffüberstand dient als Hals und als Hände. Darum muss er lang genug sein!

2. Das größere Stoffstück in der Mitte falten und im Mittelpunkt einen *kleinen* Schnitt machen. Den Stoffüberstand vom Kopf hindurchziehen. Den Körper als Viereck (a) oder Dreieck (b) entstehen lassen.

3. Der Stoffüberstand vom Kopf her wird nach rechts und links außen gezogen und mit je einem langen Wollfaden abgebunden. Wenn der Stoff vom Kopf her zu kurz ist, können die Ecken des Körperstoffes angebunden werden.
Das andere Ende der beiden Fäden wird links und rechts am Halteholz befestigt. Die Länge des Fadens richtet sich nach der Größe der Spielerin/des Spielers. Sie/er soll aufrecht stehen können, wenn sich die Figur am Boden bewegt.

4. Ein weiterer Faden (er muss etwas mehr als die doppelte Länge der beiden anderen Fäden haben) wird von oben in die Kopfmitte hinein- und am oberen Hinterkopf herausgezogen. Die beiden Enden werden in der Mitte des Halteholzes miteinander verknotet. So wird vermieden, dass der Kopf ständig hin und her pendelt. Der Kopf-Faden soll so lang sein, dass der Kopf leicht geneigt ist. Auf diese Weise kann die Figur später nach unten und nach oben »schauen«.

5. Aus Wolle oder Fell werden Haare gemacht und am Kopf angeklebt. Kopftücher, Bärte, Schleifen oder Schmuck geben den Figuren Charakter.

Vorgestellt von Gudrun Winkel, Dorsten.

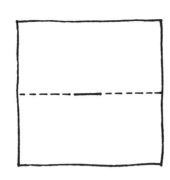
Viereck (a)

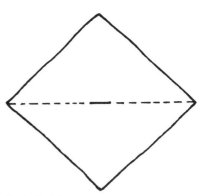
Dreieck (b)

1

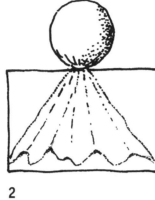

2

3

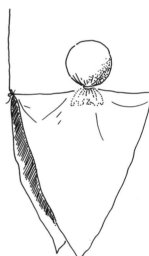

Der Kopf wird durch einen Faden, der durch den Kopf gezogen wird, gehalten. Gleichzeitig kann er dadurch bewegt werden. Beide Fadenenden gehen ans Halteholz nach oben. Die Skizze zeigt den Kopf von hinten. (Vgl. auch die Abb. auf S. 27.)

4

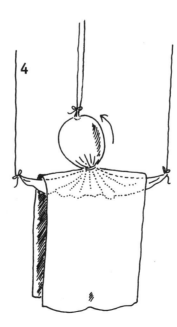

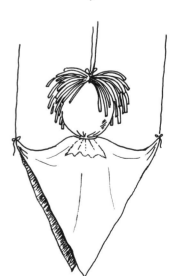

Figuren aus Holz, Filz und Pfeifenputzern

■ Idee

Aus einfachem Material werden Erzählfiguren hergestellt, die beim Erzählen biblischer Geschichten eingesetzt werden können.

■ Einsatzmöglichkeiten

Alle biblischen Geschichten mit Personen. Die Figuren können vom Mitarbeiterteam gebastelt werden und von den Kindern im Kindergottesdienst bemalt und zum Spielen der Geschichte benutzt werden. Ist der Rohling der Figur entsprechend vorbereitet, können auch schon jüngere Kinder die Ausgestaltung der Figuren übernehmen. Reizvoll ist es auch, die Umgebung der jeweiligen Geschichte als Szenerie herzustellen und mit den Figuren in den Gemeinderäumen auszustellen.

■ Inhaltliche Verbindungen

Nachspielen biblischer Geschichten,
Erzählen mit Hilfe der Figuren,
Weihnachtskrippe, Passions- und Ostergeschichte

■ Material und Werkzeug

— Vierkantholz (ca. 15 x 15 mm)
— nicht lackierte Holzperle in passender Größe
— Säge
— Messer
— Holzbohrer
— Nägel
— Hammer
— Pfeifenputzer
— Klebstoff und Fäden
— Filz-, Woll- und Stoffreste
— wasserfeste Fasermalstifte

■ So wird es gemacht

Der Vierkantstab wird in gleich lange Stücke von ca. 4 cm zersägt, die für die Figur als Körper dienen. An einer Breitseite der Figur werden alle 4 Kanten mit dem Messer etwas abgeschrägt, so dass ein Hals entsteht. Die Holzperle wird als Kopf aufgesetzt und mit einem Nagel auf dem Vierkantholz befestigt. Der Nagel darf nicht zu tief in den Körper hineingehen, damit noch ein Loch für die Arme gebohrt werden kann. Das Loch für die Arme wird an der entsprechenden Stelle durch das Vierkantholz gebohrt. Dann wird ein Pfeifenputzer durch das Loch gezogen und festgeklebt.
Für die Haare werden Wollfäden in passende Länge gebracht und am Kopf festgeklebt.
Das Gesicht wird mit wasserfesten Filzstiften gemalt.
Für die Kleidung der Figuren verwendet man Filz- und Stoffreste. Sie werden als Umhang, Toga, Kleid etc. zugeschnitten. Die Kleidung kann angeklebt oder mit Faden zusammengebunden am Körper der Figur befestigt werden.

Vorgestellt von Conny und Kerstin Biehl, Heike Buhles und Beate Rummler, Miesau; ergänzt von Dieter Witt.

Flaschenpuppen

■ Idee

Aus Flaschen, Stoffresten, Wolle und anderem einfachen Material entstehen standfeste Figuren.

■ Einsatzmöglichkeiten

Stellen von Szenen zu unterschiedlichsten Geschichten. Wenn man mit hohen Flaschen arbeitet, werden die Figuren groß genug, um auch in größeren Räumen und Entfernungen zu wirken.
Grundschulkinder können die Figuren gut selbst gestalten.

■ Inhaltliche Verbindungen

Viele Geschichten lassen sich mit diesen Figuren in Szene setzen.

■ Material und Werkzeug

— Leere Flaschen in unterschiedlichen Formen und Größen
— Nylonstrümpfe, hautfarben
— Wollreste
— Stoffreste
— Bänder, Borten usw.
— doppelseitiges Klebeband (Teppichklebeband)
— Schere
— evtl. Nähnadeln

■ So wird es gemacht

1. Ein Stück Zeitungspapier wird zu einem kleinen Ball zusammengedrückt und mit Wolle dick umwickelt, bis die gewünschte Kopfgröße erreicht ist. Dann wird der Kopf auf den Flaschenhals (ohne Verschluss) gesetzt.

2. Den Kopf in mehreren Schichten mit einem Stück Nylonstrumpf überziehen, so dass sich der Nylonstoff am Flaschenhals nach unten ziehen lässt. Mit einem stabilen Faden um den Hals herum festknoten. Das geht am besten zu zweit.

3. Ein Stoffstück zurechtschneiden, mit dem die Flasche vom Hals bis zum Boden umwickelt werden kann. Mehrere Stückchen doppelseitiges Klebeband auf die Flasche und um den Hals kleben. Die Schutzfolie abziehen und die Puppe mit dem Stoff umwickeln. Darauf achten, dass der Stoff am Hals rundum gut fest sitzt und kein Glas mehr zu sehen ist!

4. Haare aus Wolle herstellen, mit Hilfe des Klebebandes auf dem Kopf festkleben und die Puppe »frisieren«.

5. Das Grundmodell ist jetzt fertig. Die Figur kann nun einen Umhang bekommen: Ein viereckiges Stück Stoff, das breit genug ist, um die Figur zwei- bis dreimal zu umwickeln, wird glatt hingelegt. Oberhalb der Mitte einen festen Wollfaden über den Stoff legen. Den Stoff über den Faden falten und zusammenschieben. Den Faden mit dem darüber hängenden Stoff um den Puppenhals binden. Der Umhang ist fertig.

6. Gürtel-Bänder, Halstücher, Kopftücher, Kronen aus Goldpapier, Kettchen usw. geben der Figur ihren besonderen Charakter. Gesichter werden nicht gestaltet. So kann die Figur jeden Gefühlsausdruck darstellen.
In einer Landschaft aus Tüchern, Bauklötzen und Naturmaterialien entsteht eine erzählende Szene.

Vorgestellt von Marit Seidel und Heike Teichert, Stollberg, Sachsen.

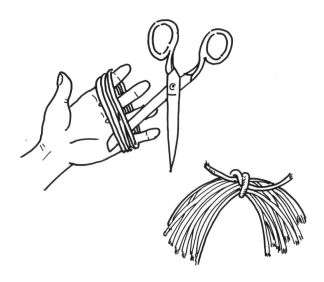

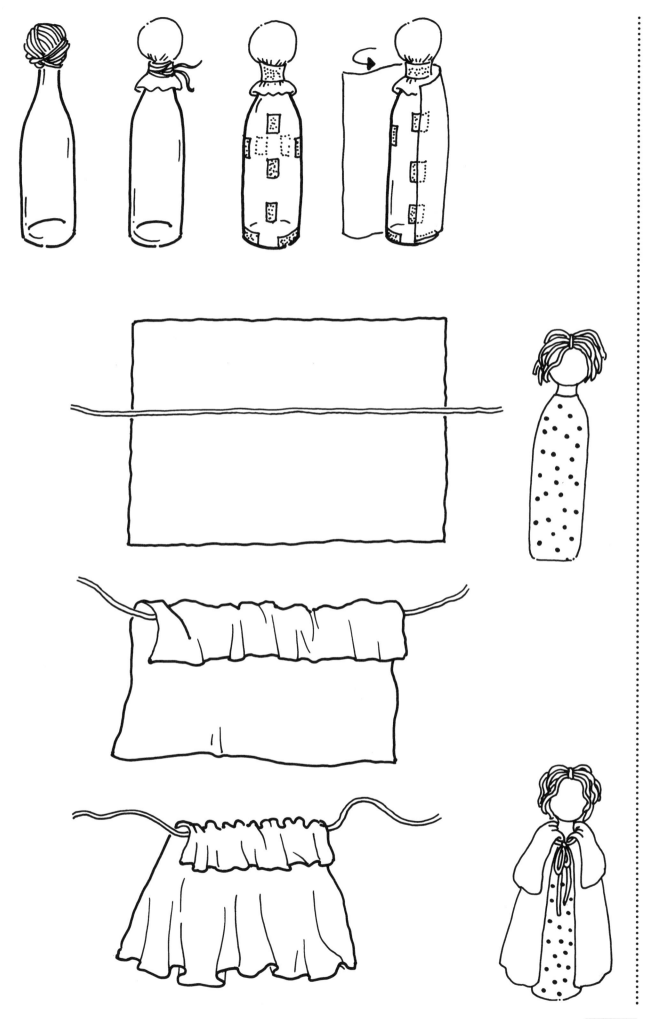

Kamishibai
Japanisches Papiertheater

■ Idee

Wenn man das Grundgerät, die Bühne, einmal gebaut hat, ist diese Theaterform immer wieder einsetzbar. Sie besticht durch die Schlichtheit der Mittel und fasziniert (nicht nur) Kinder.
Für den Bau der kleinen Bühne geben wir hier zwei Anleitungen.

■ Einsatzmöglichkeiten

Wenn die Bühne fertiggestellt ist, dann hat man im Kindergottesdienst gute Möglichkeiten zum Erzählen, auch für kleine Gruppen. Der Vorteil ist, dass ein Team die Bühnenbilder selbst herstellen und sein Spiel zur Geschichte entwickeln kann.
Für Erzählanfänger/innen ist es eine gute Hilfe, wenn die Texte hinten zu sehen und zu lesen sind. Mit Kindern die Bühnenbilder und das Spiel zu entwickeln, ist eine interessante Arbeitsform für Kinderbibeltage und andere größere Veranstaltungen. Der Bühnenbau selbst ist eine gute Gelegenheit, auch die Eltern einzubeziehen.

■ Inhaltliche Verbindungen

Viele Geschichten sind gut in einzelne Bilder und Szenen umsetzbar. Die Technik des Papiertheaters zwingt zu einer klaren Gliederung in kleine Szenen und zur Konzentration auf die wesentlichen Bewegungen.

A) Eine sehr schöne Holzbühne

Der Bau erfordert etwas handwerkliches Geschick im Umgang mit Holz.

■ Material für Bühnenbau

— 10 mm dickes Holz, es sollte schönes Holz sein, um die Kostbarkeit der Geschichten zu transportieren. Zuschnitte s. Zeichnungen.
— 6 Scharniere
— Schubladengriff
— Lack
— Leim

■ Werkzeug

— Sägen
— Schleifpapier
— Schraubenzieher, kleiner Bohrer,
— Schraubzwingen

■ So wird das Theater gebaut

Das Holz (10 mm dick) wird entsprechend den Angaben in der Zeichnung zugeschnitten (dreiteilige Vorderseite, Rahmen vorn und hinten, Boden oben und unten, Seitenteil, Verschluss). Alle Kanten mit Schmirgelpapier runden.
Der rückseitige Rahmen wird mit dem Seitenteil und der Ober- und Unterseite verleimt. Die Seite mit dem ausgeschnittenen Rand bleibt offen, denn von hier aus werden die Bilder eingeschoben. (Gut mit Schraubzwingen fixieren und richtig aushärten lassen). Dann wird der vordere Rahmen aufgeleimt und ebenso sorgfältig fixiert.
Der Schubladengriff wird oben mittig angeschraubt.
Die aufklappbaren Seiten und das »Dach« werden mit Scharnieren passgenau am vorderen Rahmen befestigt.
Als Verschluss dienen zwei kleine Holzdreiecke. In die »Dach«-Spitze wird ein Loch gebohrt, durch das die beiden Holzdreiecke mit Hilfe einer Schraube verbunden werden. Zum Verschließen wird nun das Doppel-Dreieck so gedreht, dass es die eingeklappten Seitenteile festhält. Das fertige Theater wird lackiert oder lasiert.

B) Das Theater aus der Hängeregistratur

Es gibt Kisten für Hänge-Mappen, die vorn und hinten offen sind. Damit erfüllen sie ähnliche »Rahmenbedingungen« wie das Papiertheater aus Holz. Evtl. muss man die Bühnenöffnung größer ausschneiden.
Die Hänge-Register, die ja mit kleinen Haken zum Einhängen rechts und links versehen sind, sind die Grundlage für die Szenenbilder. Die Bilder werden auf diese Hängeregister geklebt und dann in der richtigen Reihenfolge eingehängt. Wenn man den Kasten etwas schräg stellt, rutscht das vorderste Bild automatisch nach vorn. Der Kasten kann gestaltet werden, um ihm das Büro-Gesicht zu nehmen. Besonders gut ist eine Dach-Fassade über der Bühne, die die Handhabung und Technik etwas verdeckt. Wenn sie aus doppeltem Karton zum Aufstecken gemacht wird, ist das Aufbewahren einfacher.

Dieses Papiertheater können auch Menschen herstellen, die den größeren Arbeitsaufwand der Holzbühne scheuen.

Umgang mit dem Papiertheater

Die Szenen werden auf Karton in der Größe des Theaters gemalt. Dabei sind alle Maltechniken möglich. Es muss darauf geachtet werden, dass alle Zuschauer/innen die Bilder gut erkennen können.

Die Szenen werden in der richtigen Reihenfolge hintereinander in das Theater geschoben. Nach und nach wird an der entsprechenden Stelle der Erzählung das Bild zu einer Szene herausgezogen und hinten wieder eingeschoben. Am Ende ist dann alles wieder in der Anfangsposition und kann ggf. wiederholt werden, ohne dass umgebaut werden muss. Außerdem gibt es keine herumliegenden Bilder, die die Kinder ablenken würden.

Weil das Theater auch hinten einen offenen Rahmen hat, kann der Erzähltext immer auf dem hintersten Karton lesbar angebracht sein. Sorgfältige Vorbereitung ist unbedingt notwendig. Denn der Text steht ja nicht auf dem dazu gehörigen Blatt, sondern muss auf dem Blatt stehen, das jeweils als letztes eingeschoben ist.

Variation für Fortgeschrittene

Man kann eine Figur zusätzlich vor der Szene bewegen. Bei dem Holztheater wird sie an einem Führungsstab von der Seite eingeschoben. Bei Bühne B) muss sie von oben am Führungsstab eingeführt werden. Dabei ist der Eindruck, dass die Figur »fliegt«, zu vermeiden, indem man die Figur verdeckt hinter dem Rand nach unten führt und sie dann erst fürs Publikum sichtbar wird.

Eine weitere Möglichkeit ist eine Kombination einer festen Szene mit einem beweglichen Teil: Zum Beispiel kann einer Person im Szenenbild ein Arm mit einer Briefklammer angesetzt werden. Ein Schaschlikspieß oder dünner Draht wird an der Hand befestigt. Durch eine Auf- und Ab-Bewegung wird die Figur lebendig. Ähnlich kann ein dünner Pappstreifen einer Figur im Profil so als Mund angeklebt werden, dass er nur vorn festklebt. Am Mundwinkel ist ein Schaschlikspieß festgeklebt. Nun kann der Mundwinkel traurig nach unten bewegt werden oder zum Lachen nach oben. – Gut proben und die Haltbarkeit des Klebers testen! Sonst gibt es ungewollte Lacheffekte.

Hinweis, auf die bequemste Art ein Holztheater zu bekommen

Aus der Kindergottesdienstarbeit in der Schweiz gibt es ein Kamishibai-Theater aus Holz zum Kauf.
Adresse: KiK-Verband, Chile-Weg 1,
CH-8415 Berg am Irchel, Fax 0041-52-3182114

Das dort erhältliche Kamishibai-Theater aus Holz ist in einer Behindertenwerkstätte gefertigt und kostet ca. 80 Franken. Katalog kann angefragt werden.

*Vorgestellt von Elisabeth Unger, Wien,
und Eva Tiefenbacher, Tulln.*

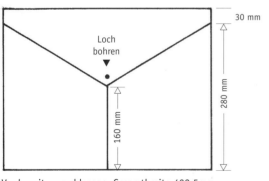

Vorderseite, geschlossen. Gesamtbreite 402,5mm

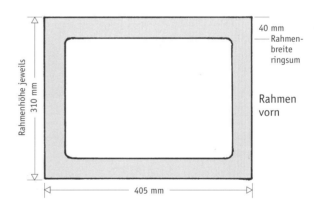

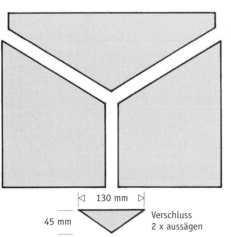

Die gesägten Teile für die Vorderseite

Verschluss 2 x aussägen

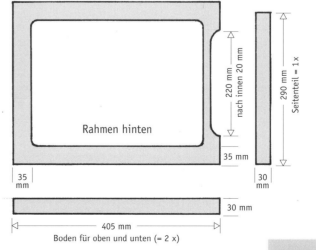

Das Papiertheater aufgeklappt. Die einzelnen Bauteile sind hier deutlich zu erkennen.

Das Papiertheater im Einsatz. Nach der Vorführung lässt es sich schnell wieder zusammenklappen und leicht transportieren.

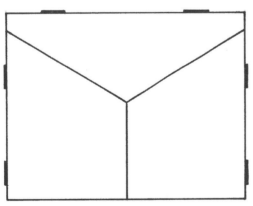

6 Scharniere sind anzubringen

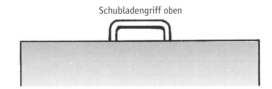

Schubladengriff oben

Memory zu biblischen Geschichten

■ Idee

Das Memoryspiel ist eine schöne Möglichkeit, um Kindern biblische Geschichten auf spielerische Weise nahezubringen.

■ Einsatzmöglichkeiten

In Kindergottesdiensten, bei Kinderbibelwochen usw. für Grundschulkinder der ersten Klassen geeignet.
Die Bilder können vor dem Spielen mit Buntstiften ausgemalt werden.

■ Inhaltliche Verbindungen

Zu verschiedenen biblischen Geschichten, z.B.:
— Heilung des Gelähmten (Markus 2,1–12)
— Sturmstillung (Markus 4,35–41)
— Speisung der 5000 (Markus 6,31–44)
— Speisung der 4000 (Markus 8,1–9)
— Kindersegnung (Markus 10,13–16)
— Fischzug des Petrus (Lukas 5,1–11)
— Gleichnis vom barmherzigen Samariter (Lukas 10,25–37)
— Maria und Martha (Lukas 10,38–42)
— Gleichnis vom verlorenen Sohn (Lukas 15,11–32)
— Jesus und Zachäus (Lukas 19,1–10)

■ Material

— je zwei Kopien der Vorlage
— Tonpapier
— Klebestift
— Schere
— Buntstifte oder Filzstifte

■ So wird es gemacht

Anhand der Bilderfolge wird die Geschichte erzählt.
Wer möchte, kann die Vorlage mit Buntstiften oder Filzstiften ausmalen (bei gleichen Bildern auf gleiche Farben achten!).
Die Vorlage wird auf das Tonpapier aufgeklebt.
Die Spielkärtchen werden dann ausgeschnitten.

■ Spielweise

Zunächst müssen die Geschichten ausgewählt werden, die für das Memory im Spiel sein sollen. (Die Vorlagen im Buch ergeben insgesamt 92 Karten mit 46 verschiedenen Motiven. Für kleinere Kinder ist das z.B. zuviel.)
Es müssen jeweils zwei gleiche Karten vorhanden sein. Die Kärtchen werden gemischt und verdeckt ausgebreitet. Einer deckt zunächst ein Kärtchen auf. Er dreht es an der Stelle, wo es liegt, um. Dann deckt er ein zweites Kärtchen genauso auf. Ist das gleiche Bild zu sehen, nimmt er beide Kärtchen an sich. Ist es ein anderes Bild, legt er es verdeckt wieder an die gleiche Stelle zurück, an der es zuvor lag, und verdeckt auch wieder das erste Kärtchen. Dann versucht der Nächste sein Glück.
Wer hat am Schluss die meisten Kärtchen? Wer hat sogar eine ganze biblische Geschichte?

Vorgestellt von Ulrike und Nele Wiechmann, Kinderkirche Georgsdorf;
© *Bilder: Ulrike Wiechmann.*

Die Stillung des Sturms (2 x kopieren!)

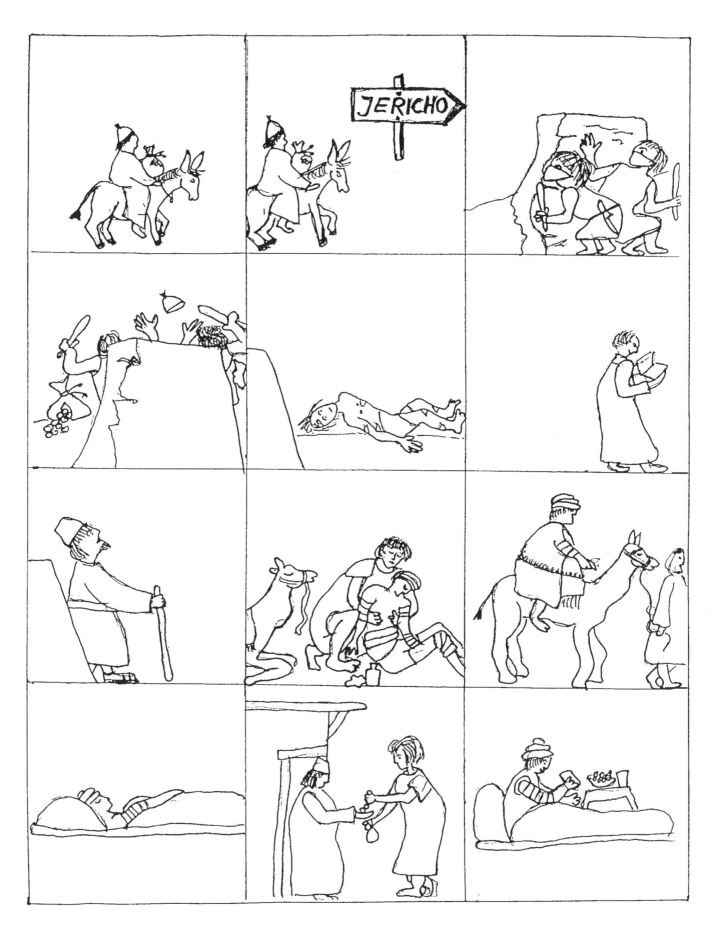

Der barmherzige Samariter (2 x kopieren!)

Der verlorene Sohn (2 x kopieren!)

Heilung des Gelähmten (2 x kopieren!)

Kindersegnung (2 x kopieren!)

Die Speisung der 5000
(2 x kopieren!)

Maria und Martha
(2 x kopieren!)

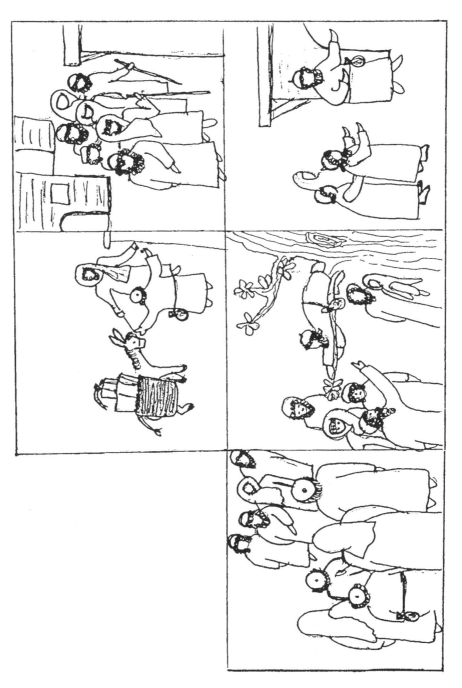

Jesus und Zachäus (2 x kopieren!)

Menschen an der Krippe

Weihnachtsspiel mit aufstellbaren Großfiguren

■ Idee

Ein Weihnachtsspiel, bei dem keine Texte auswendig gelernt werden müssen.
Die Sprecher stellen annähernd lebensgroße, bemalte Pappfiguren an die Krippe. Die Texte können auf die Rückseite der Figuren geklebt werden. Lediglich das Basteln und Bemalen der Figuren ist zeitaufwändig.

■ Einsatzmöglichkeiten

Weihnachtsspiel der Kinderkirche für den Gottesdienst und bei Weihnachtsfeiern.

■ Inhaltliche Verbindungen

Jeder Mitspieler stellt seine Weihnachtsgestalt an die Krippe und erklärt ihre Bedeutung: z.B. Maria und Josef, Hirten, Lamm, Ochs und Esel, Könige ...

■ Material und Werkzeug

— Overheadprojektor und Folien
— Bleistift und dicke Eddings
— große Pappen (z.B. Türverpackungen aus dem Baumarkt)
— Plakafarbe und Pinsel
— Lederstreifen
— Nägel
— Ringschrauben
— Schnur
— Schere oder Cutter (Schneidmesser)
— Hammer
— Schraubendreher

■ So wird es gemacht

In Weihnachtsdarstellungen wie z.B. aus Bilderbüchern, Bastelbögen etc. sucht man Figuren, die in Frontalansicht dargestellt sind. Sie werden auf Folie kopiert. Mit Hilfe eines Overhead-Projektors werden die Vorlagen auf die Pappe projiziert. Durch entsprechend variierten Abstand erreicht man eine etwa gleiche Größe der Figuren auch bei unterschiedlicher Größe der Vorlage.
Mit Bleistift werden die Umrisse und Hauptlinien der Vorlage auf die Pappe übertragen und anschließend mit Plakafarbe ausgemalt. Nach dem Trocknen wird die Figur ausgeschnitten.
Um sie aufstellen zu können, braucht man nun für jede Figur zwei Leisten, die etwas kleiner sind als die Figur, ein Lederstück, das als Scharnier dient, vier Nägel, zwei Ringschrauben und ein Stück Schnur (siehe Skizze rechts).

Man legt nun die Holzleisten mit den Stirnseiten hintereinander und verbindet sie, indem man das Lederstück aufnagelt, so, dass ein Scharnier entsteht. Eine der Leisten wird nun an der Figur angeklebt, und zwar so, dass das Scharnier oben ist. Nun kann die Figur aufgestellt werden.
Damit der Ständer stabil wird, dreht man unten in jede Holzleiste jeweils eine Ringschraube ein. Man zieht ein Stück Schnur durch die Ringschrauben, legt den Winkel fest, in welchem die Figur einen festen Stand hat, und verknotet die Schnur.

Vorgestellt von Jasmin Ratke und Philipp Griesel, Kindergottesdienstteam an der Bielertkirche, Leverkusen-Opladen.

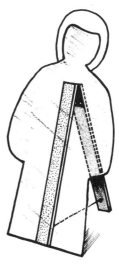

Menschen an der Krippe

Weihnachtsspiel mit großen Pappfiguren von Dieter Witt

ERZÄHLER:
In den Tagen vor Weihnachten werden in vielen Familien die Kartons hervorgeholt, die ein Jahr lang weggestellt waren. In ihnen werden all die Dinge aufbewahrt, die wir für Weihnachten brauchen. In vielen Familien gehören dazu auch die Krippenfiguren.
Wir haben in diesem Jahr eine Krippe mit großen Figuren gebastelt. Wir wollen sie jetzt hier aufstellen und sagen, warum die Figuren an der Krippe stehen. Den Anfang wollen wir mit Maria machen.

MARIA:
Ich stelle Maria an die Krippe. Maria hatte gar nicht damit gerechnet, dass Gott Großes mit ihr vor hatte. Sie war nicht vornehm. Sie lebte in

Weihnachtsspielszene mit nahezu lebensgroßen, bemalten Pappfiguren.

Nazareth, einer unbedeutenden Stadt. Aber gerade zu Maria kam Gottes Bote. Er brachte ihr die Nachricht: »Du sollst ein Kind haben, das in seinem Leben einmal für alle Menschen wichtig sein wird.«
Maria hatte damit nicht gerechnet. Aber sie glaubte dem, was ihr da gesagt wurde.

Josef:
Ich bringe Josef. Reden lag ihm wohl nicht besonders. In der Bibel ist kein Wort von ihm überliefert, das er spricht. Aber er war wohl ein tatkräftiger Mensch. Auch solche Menschen braucht Gott. Die Maler stellen Josef häufig dar, wie er gerade das Feuer anzündet, wie er Suppe kocht oder Mutter und Kind auf den Esel hebt und dann daneben her geht.

Hirten:
Ich stelle die Hirten an die Krippe. Die Hirten waren damals verachtete Leute. Sie waren arm. Sie hüteten die Tiere der Reichen bei Hitze und Kälte. Die Bibel erzählt, dass Hirten als erste zur Krippe kamen. Das zeigt uns: Jesus will alle Menschen bei sich haben, auch die Armen und Verachteten.

Lamm:
Ich stelle ein Lamm ganz dicht an die Krippe. Denn das Lamm ist ein Zeichen für das Leben Jesu. Er hat gesagt »Ich bin der gute Hirte. Ich gebe mein Leben für die Schafe!« So deutet das Lamm an, dass Jesus sein Leben für uns eingesetzt hat.

Esel:
Ich bringe den Esel. Der Esel ist ein Tier, das die Lasten zu tragen hat, die andere ihm auflegen. Der Esel an der Krippe deutet an, dass Jesus gesagt hat: »Kommt her zu mir alle, die ihr mühselig und beladen seid, ich will euch erquicken.«

Ochse:
Auch der Ochse gehört an die Krippe. Er hält den Menschen eine Predigt ohne Worte. Denn in der Bibel steht: »Der Ochse kennt seinen Herrn, die Menschen aber kennen ihren Herrn nicht.« So kann ein dummer Ochse klüger sein als manch ein Mensch, der achtlos an der Krippe vorübergeht.

Könige:
Ich bringe zwei der drei Weisen. Oft werden sie auch als Könige bezeichnet. Sie kommen von weit her zur Krippe. Sie haben einen langen Weg hinter sich, einen Weg durch Wüste und unwegsames Gelände. Sie sind Menschen auf der Suche. Vielleicht sind sie darin manchem von uns nah, der auch auf der Suche ist. Vielleicht sind sie manchem nah, der auf seinem Lebensweg durch die Wüste eines schweren Schicksals gehen muss. Aber die Könige wissen, dass ihr Weg ein Ziel hat. Sie folgen dem Stern und kommen an der Krippe an.

3. König:
Ich bringe den dritten König. Seine Haut ist schwarz. Dass er an der Krippe steht, zeigt: Jesus macht keine Unterschiede zwischen den Menschen. Er weist keinen ab. Er will alle bei sich haben. Seine Botschaft ist für die Menschen in aller Welt bestimmt, egal welche Hautfarbe sie haben. Die Hautfarbe spielt für Jesus keine Rolle. Und wir sollten auch so denken.

Kind:
Ich stelle ein Kind an die Krippe. Kinder galten damals nichts. Nur die Erwachsenen zählten. Aber Jesus hat gesagt: »Lasst die Kinder zu mir kommen.« Er hat die Kinder ernst genommen. Sie waren ihm wichtig. Das war damals ganz ungewöhnlich.

Figur – heutiger Mensch:
An der Krippe ist noch Platz. Da ist Platz für uns alle. Und deshalb stelle ich stellvertretend für uns alle diese letzte Figur an die Krippe. Sie soll uns zeigen: Jesus war für uns alle da. Er will uns alle bei sich haben, so wie wir sind: mit all unseren Fragen, mit allem, was uns Sorgen macht. Er will uns froh machen.

Der Regenmacher

■ Idee

Ursprünglich stammt dieses Instrument aus Südamerika und wird dort aus Kakteen hergestellt. Wir verwenden Papprohren und Nägel, um etwas Ähnliches zu schaffen. Wenn das gefüllte Rohr langsam in die Schräge gedreht wird, entsteht ein Geräusch wie Regen. Je nach Neigung klingen sanfte Tropfen oder auch starke Regengüsse.

■ Einsatzmöglichkeiten

Das Bauen des Instrumentes ist ebenso reizvoll wie sein Einsatz bei Geschichten, in denen Regen und Wasser eine Rolle spielen. Aber auch als Rhythmusinstrument zur Liedbegleitung ist es einsetzbar. Grundschulkinder können den Bau gut schaffen, aber auch Erwachsene haben Spaß daran. Der Bau ist eine schöne Arbeit für Kinderbibeltage usw.

■ Inhaltliche Verbindungen

Die Geschichte der großen Flut (1. Mose / Genesis 7–9) liegt natürlich nahe, aber auch das Wasser aus dem Felsen (4. Mose / Numeri 20) ist denkbar, oder auch frei überlegte Weg-Geschichten, in denen Regen vorkommt.
Als Lied-Rhythmus-Instrument ist es vielseitig zu gebrauchen.
Hör-Spiele: Ein Blinder hört, dass es regnet. Wie sieht der Regen wohl aus?
Oder mit geschlossenen Augen im Kreis zu spielen: Alle haben einen Regenmacher vor sich liegen. Spielregel: Erst wenn du von deinem linken Nachbarn keinen Tropfen mehr hörst, beginnst du mit deinem Regenmacher. So wandert der Regen durch den ganzen Kreis.

■ Material und Werkzeug

— Stabile Papprohren, wie sie für den Posterversand gebraucht werden.
  Da sie verhältnismäßig teuer sind, lohnt es sich, preiswerte Quellen zu suchen: Bauämter, Architekten, oder auch in Geschäften fragen, die vieles in Röhren geschickt bekommen! Etwas kleinere Röhren bekommt man auch leicht bei Ärzten, deren Papierrollen zum Abdecken der Untersuchungsliegen auf stabilen Papprohren angebracht sind. Sehr große Röhren aus starker Pappe gibt es in Teppichläden. Diese z.T. vier Meter langen Röhren lassen sich sägen. (Keine Kunststoffröhren nehmen!)
— Nägel, die ca. 0,5 cm kürzer sein sollen als der Durchmesser der Röhre.
— stabile Pappe, um die Röhrenenden zu verschließen.
— Splitt, Granulat oder ähnliches als Füllmaterial. Hier muss man testen, welches Material am besten klingt.
— Tesakrepp
— Hammer
— Schere

Zum Verzieren:
Klebstoff, interessante Materialien zum Aufkleben, Farbe jeglicher Art zum Anmalen. Evtl. ist es notwendig, erst die ganze Röhre mit Tapete oder anderem Material zu bekleben, um einen einheitlichen Untergrund zu haben und Paketzettel oder Reklame abzudecken.

■ So wird es gemacht

Viele Röhren haben schon eine Struktur mit einer Spirallinie, an der man sich orientieren kann. Sonst wird eine Spirale von oben bis unten um die Röhre gemalt. Auf dieser Linie werden Nägel in einem Abstand von 5–10 cm eingeschlagen. Anschließend wird ein durchgehendes Tesakreppband über die Nagelköpfe geklebt, so dass sie nicht mehr herausrutschen können. Plastikverschlüsse, die manche Röhren haben, werden mit Tesakrepp, Stoff oder anderem Material etwas abgepolstert, um den harten Klang zu vermeiden. An einer Seite wird der Deckel fest geschlossen und mit Tesakrepp fixiert. Ist kein fertiger Deckel vorhanden, wird eine Pappe zugeschnitten, rundum eingeschnitten und auf die Röhrenöffnung gesetzt. Anschließend ganz gut mit Tesakrepp verkleben und darauf achten, dass der Deckel wirklich dicht ist!
Nun wird von der offenen Seite das Füllmaterial hineingegeben. Sowohl Art also auch Menge muss ausprobiert werden. Erst wenn das Regengeräusch und seine Dauer zufriedenstellend sind, wird auch die zweite Röhrenseite sorgfältig verschlossen.
Jetzt wird die Röhre beliebig verziert und kommt zum Einsatz.

Vorgestellt vom KiGo Kreativ-Team, Evang. Kirchengemeinde, Wesel – auf der Grundlage der Ringmappe »Erzählen mit«, herausgegeben vom Rhein. Verband für Kindergottesdienst, Graf-Recke-Str. 209, 40237 Düsseldorf.

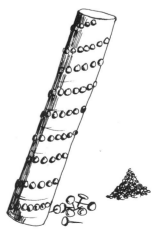

Rollenpüppchen
Erzählpuppen aus Klopapierrollen

■ Idee

Aus Abfallmaterialien wie Küchen- und Klopapierrollen, Stoff- und Filzresten werden Püppchen gestaltet. Sie sind als Erzählhilfe gut geeignet.

■ Einsatzmöglichkeiten

Geeignet zur Veranschaulichung von biblischen Geschichten im Kindergottesdienst und bei Kinderbibelwochen. Für jüngere Kinder empfiehlt sich eine ganz einfache Gestaltung, indem man in die Klopapierrolle lediglich ein Wollknäuel hineinsteckt und ein Gesicht aufmalt. Man kann aber auch – vor allem mit älteren Kindern – sehr kunstvolle Puppen gestalten.
Mit Tüchern, Sand und Naturmaterial kann eine passende Landschaft erstellt werden, in die man die Püppchen hineinstellt.

■ Inhaltliche Verbindungen

Da sich aus der einfachen Grundform der Rolle sehr leicht Menschen und Tiere gestalten lassen, können die meisten biblischen Geschichten dargestellt werden. Häufig verwendete Rollenpüppchen sind: Maria und Josef, Hirten, Jesus, Jünger, Pharisäer, Soldaten, König, Engel, Kinder. Wer sich scheut, Jesus als Püppchen darzustellen, kann auch eine brennende Kerze nehmen.

■ Material

— jede Menge Klopapierrollen
— (Ton-)Papier
— (Well-)Pappe
— Stoff-/Gardinenreste
— Bänder in allen Farben und Mustern
— Filz, Wolle, Schafwolle
— Schere
— Filzstifte
— (Stoff-)Kleber

■ So wird es gemacht

Kinder stellen selbst die Figuren her, wozu sich längere Veranstaltungen eignen, um Zeit genug zu haben. Oder Mitarbeiter/innen basteln eine Auswahl verschiedenster Figuren als Arbeitsmaterial.
Durch Bekleben mit den unterschiedlichen Materialien bekommen die Klopapierrollen ihr individuelles Aussehen. Wichtig ist, dabei die Stelle für das Gesicht auszusparen. Es wird gemalt oder mit kleinen Filzstücken aufgeklebt.

■ So kann mit den Figuren gearbeitet werden

Vorbereitete Figuren werden vor der Erzählung verwendet:
— Kinder gestalten Landschaften/Szenen mit Tüchern, Bauklötzen, Steinen.
— Mit den Kindern wird überlegt, welche Figur welche Person darstellen soll, um so in die Geschichte einzuführen.

Vorbereitete Figuren werden während der Erzählung verwendet:
— Kinder setzen die Püppchen entsprechend der Erzählung ein.
— Die Erzählung wird unterbrochen und die Kinder stellen die Szenerie nach. Damit ist Gelegenheit, über die Stationen der Geschichte und die Vorstellungen der Kinder zu sprechen.

Vorbereitete Figuren werden nach der Erzählung verwendet:
— Ein Schlussbild ermöglicht eine rückblickende Gesamtbetrachtung der Geschichte.
— Wir danken Gott für die erlebte Geschichte, indem jedes Kind ein Teelicht anzündet und in das Schlussbild stellt.
— Wir halten Fürbitte im Kreis, indem wir uns mit den Kindern um das Schlussbild herum aufstellen und es anschauen.

Vorgestellt von Werner Stiller und Katja Schütz, Kindergottesdienstteam Neunkirchen am Brand.

Einige Beispiele, wie die Rollenpüppchen je nach vorgesehener Geschichte und mit etwas Fantasie gestaltet werden können.

Schattenspiel mit Holzrahmentheater und Spielfiguren

■ Idee

Die Wirkung von Schattenspielen ist faszinierend. Wenn man das Grundgerät, den mit weißem Stoff bespannten Holzrahmen, erst einmal gebastelt hat, lassen sich die für die jeweilige Geschichte notwendigen Figuren sehr schnell herstellen. Eine starke Lampe in geeigneter Entfernung beleuchtet den Rahmen von hinten. Werden nun die Figuren zwischen Rahmen und Lampe gehalten, so zeichnet sich auf der Vorderseite des Stoffes der Schattenriss für die Zuschauer sichtbar ab. Je größer der Raum ist, desto größer sollte auch der Holzrahmen sein. Wir stellen hier das Basteln eines Tischrahmens vor.

■ Einsatzmöglichkeiten

Schattenspiele eignen sich hervorragend, um Kindern bis ca. zwölf Jahren eine Geschichte zu erzählen. Mit Kindern die Bühnenbilder und Figuren selbst zu entwerfen, ist eine interessante Möglichkeit. Die Kinder können mit ein wenig Übung die Figuren auch selbst führen. Den Text sollte aber jemand anderes sprechen, da das Führen der Figuren viel Konzentration erfordert. Einsatzmöglichkeiten bieten sich in Kindergottesdiensten, Schulgottesdiensten und Familiengottesdiensten.

■ Inhaltliche Verbindungen

Viele (biblische) Geschichten sind gut in Bilder und kleine Szenen umsetzbar. Die Figuren können bewegt werden, was die Darstellung von Handlungsverläufen ermöglicht.

■ Material und Werkzeug

Für den Rahmen
— Sechs Kanthölzer von 3–4 cm Dicke
  (davon zwei mit der Länge 100 cm,
  zwei mit der Länge von 80 cm
  und zwei mit der Länge 50 cm)
— Holzschrauben für Rahmen und Ständer
— Leim
— weißes Tuch, um den Rahmen zu bespannen (z.B. Laken)
— Tacker oder Reißwecken
— kleiner Holzbohrer
— Schraubendreher
— starke Lampe

Für die Figuren
— Tonpapier oder Pappe
— Schaschlikspieße
— Bleistift, Radiergummi
— Tesafilm
— Schere

■ So wird es gemacht

Herstellung des Rahmens
Die Holzleisten werden entsprechend den Angaben in der Zeichnung (s. rechte Seite) zugeschnitten.
Vier Kanthölzer werden zu einem Rahmen zusammengefügt, verleimt und mit Schrauben fixiert. Damit der Rahmen aufrecht stehen kann, braucht er einen Ständer. Dazu ermittelt man die Mitte der restlichen beiden Kanthölzer und schraubt sie mittig jeweils am Ende der Längsseite des Rahmens als Füße (siehe Skizze) an. Der weiße Stoff wird auf den Rahmen gespannt und festgetackert.

▷ *Tipp: Teurer aber schneller: Man kauft im Baumarkt einen Holzbock und bespannt ihn wie oben beschrieben.*

Herstellung der Figuren
Die Figuren werden vorgezeichnet und ausgeschnitten. Da nur der Schatten der Figuren zu sehen ist, kann auf Details wie etwa Augen, Mund etc. verzichtet werden.
Um die Figuren führen zu können, werden Schaschlikspieße mit Tesafilm an der Rückseite der Figuren befestigt.
Wer noch eine Kulisse basteln möchte (Berge, Stadt, Wolken, Sonne etc.) kann sie aus Pappe ausschneiden und am Tuch bzw. am Rahmen befestigen.

Aufführung
Den Rahmen auf einen Tisch stellen. Hinter, bzw. unter dem Tisch kann man sich verstecken, während die Geschichte erzählt und die Figuren dazu bewegt werden. Die helle Lampe muss hinter dem Rahmen stehen, damit die Kinder vor dem Rahmen die Schatten sehen.
▷ *Tipp:* Da die meisten Figuren keine individuellen Details haben müssen, sind sie für mehrere Geschichten benutzbar und müssen nicht immer wieder neu angefertigt werden.
Weil das Schattentheater eine klare Gliederung der Szenen erfordert, und auf das Wesentliche konzentriert sein muss, ist es eine gute Hilfe für Erzählende.

Vorgestellt von der Kinderkirche Erftstadt.

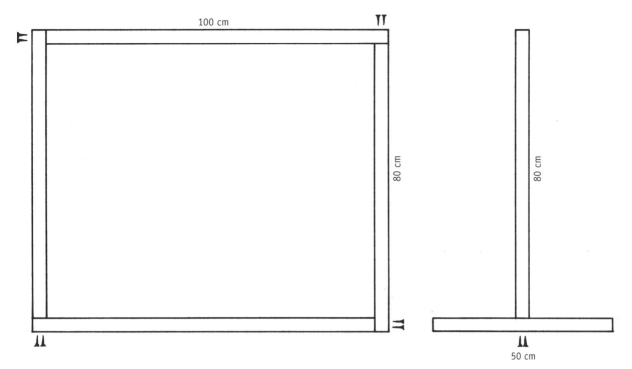

Seitenansicht des Rahmens mit Ständer

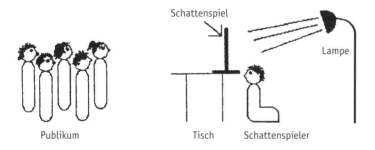

Publikum   Tisch   Schattenspieler   Lampe   Schattenspiel

Schrubberpuppe

■ Idee

Aus einem Schrubber oder Besen wird eine lebensgroße Puppe hergestellt.

■ Einsatzmöglichkeiten

Kinderbibelwoche, Familiengottesdienste, Kindergottesdienste.
Wegen ihrer Größe eignen sich Schrubberpuppen sehr gut für Aufführungen in größeren Räumen oder Kirchen.

■ Inhaltliche Verbindungen

Viele Geschichten lassen sich gut in Szenen umsetzen. Da sich mit Schrubberpuppen beim Bewegen nicht viele Variationen ausführen lassen, müssen die Szenen klar gegliedert und die Sprechertexte kurz sein.

■ Material und Werkzeug

— 1 Schrubber oder Besen mit Holzstiel
— 1 Leiste (Fußboden- oder Deckenleiste, ca. 60 cm lang)
— 1 Stabilisierungsbrettchen (ca. 5 x 20 cm)
— 3 Kreuzschlitzschrauben (ca. 30 mm)
— Stoffbahnen oder Anziehsachen
— Tonpapier oder Fotokarton für das Gesicht
— Tacker
— Kreuzschlitzschraubendreher
— dünner Bohrer
— Fasermaler

■ So wird es gemacht

Das Grundgerüst
Man hält den Schrubber mit der Bürste nach oben vor sich und markiert 16–18 cm von der Bürste entfernt einen Punkt auf dem Stiel. Das ist die Stelle, an der bei der fertigen Puppe die Schultern ansetzen. An dieser Stelle wird ein Loch vorgebohrt.
Die Mitte der 60 cm langen Leiste wird gekennzeichnet und dann dort an den Schrubberstiel angeschraubt.
Jetzt hat die Schrubberpuppe Schultern, über die später der Stoff gelegt wird. Aber sie sind noch nicht stabil genug. Deshalb werden zwei und vier Zentimeter unterhalb der Leiste weitere Punkte gekennzeichnet. Dort wird wieder vorgebohrt.
Jetzt sucht man sich die Mitte des Stabilisierungsbrettchens und kennzeichnet sie mit einem senkrechten Strich. Auf diesem Strich werden zwei Punkte im Abstand von zwei und vier Zentimeter von oben markiert. An diesen Punkten wird das Brettchen mit zwei Schrauben an den Stiel angeschraubt. Falls die Querleiste durch den Kontakt mit dem Brettchen noch nicht genügend stabilisiert ist, sollte man rechts und links in das Brettchen ein Loch bohren, durch das sich eine Schnur ziehen lässt, die um die Leiste geknotet wird.

Das Gesicht
Das Gesicht wird auf Tonpapier gezeichnet und ausgeschnitten. Dann wird es mit dem Tacker am Bürstenholz des Schrubbers befestigt. Die Bürste ist das Haar der Schrubberpuppe. Für längere Haare eignen sich auch Wolle, Holzwolle, gezupfter Sisal o.ä.

Fertigstellen
Die Schrubberpuppe kann mit Kleidungsstücken, die sich am Rücken verschließen lassen, oder mit Stoffbahnen angezogen werden. Bei Bedarf können am Rücken Sprechtexte oder ein Mikrofon (für große Räume) befestigt werden.

Vorgestellt von Urd Rust und Eva Rust, Homburg.

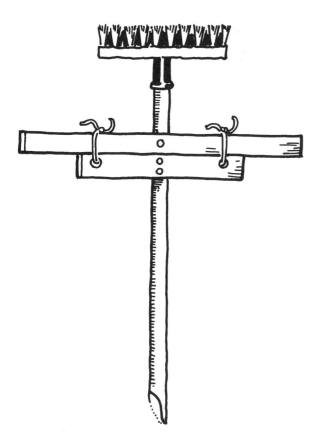

Grundgestell der Schrubberpuppe

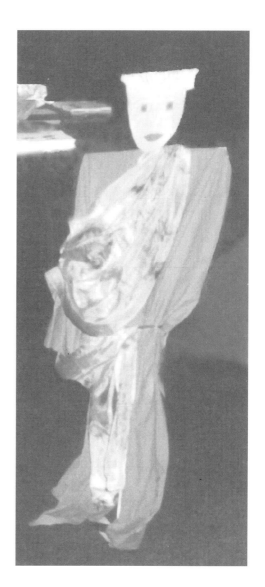

Wie Jona in den Walfisch kommt

Zwirbelbilder

■ Idee

Das faszinierende Phänomen, dass zwei Bilder durch schnelles Drehen für das Auge des Betrachters zu einem Bild verschmelzen können, wird zu einer reizvollen Möglichkeit, biblische Geschichten zu vertiefen.

■ Einsatzmöglichkeiten

In Kindergottesdiensten, Kinderbibeltagen, bei Gemeindefesten usw., einsetzbar ab Grundschulalter.

■ Inhaltliche Verbindungen

Darstellung von geeigneten biblischen Geschichten wie z.B.:
Jona im Walfisch (Jona 2,1–11)
Josef im Gefängnis (1. Mose/Genesis 39,19–23)
Daniel in der Löwengrube (Daniel 6)
Abraham und der Sternenhimmel
(1. Mose/Genesis 15,1–6)
Das Netz des Petrus wird voll von Fischen
(Lukas 5,1–11)

■ Material

— kopierte Vorlagen im passenden Format
— runder Bierdeckel oder Tonpapier
— Locher
— Schere
— zwei starke Bindfäden (30–50 cm)
— Kleber

■ So wird es gemacht

Die beiden zusammen gehörenden Vorlagen ausschneiden, den Wal (Rückenflosse nach oben!) auf die eine Bierdeckelseite kleben. Jona (Kopf nach unten!) auf die andere Bierdeckelseite kleben. Bierdeckel links und rechts lochen und durch jedes Loch einen Bindfaden ziehen und jeweils am Ende verknoten. Zwischen beiden Händen schwingt man den Bierdeckel so lange in eine Richtung um sich selbst, bis die Bänder aufgezwirbelt sind. Bei kräftigem Auseinanderziehen dreht sich der Bierdeckel, und Jona ist im Bauch des Wales zu sehen.

Vorgestellt von Ute Hartmann und Susanne Hennig, Braunschweig. Die Urheberschaft der Zeichnungen konnte nicht geklärt werden. Die Rechte bleiben jedoch gewahrt.

 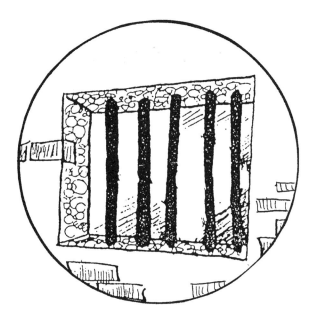

Zwirbelbild: Josef im Gefängnis. – Vorlage beim Kopieren um ca. einen DIN-Sprung vergrößern (= 141%).

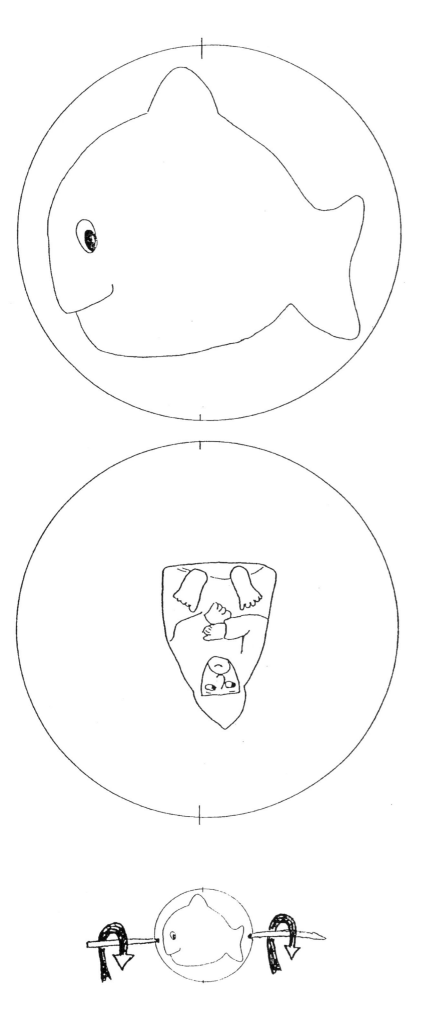

*Zwirbelbild: Jona (Originalgröße)
Auf (farbiges) Tonpapier kopieren
und auf die Vorder- und Rückseite
eines Bierdeckels kleben.*

Wir sitzen alle in einem Boot

Die Arche Noah als Wandbild der besonderen Art

■ Idee

Aus einfachem Material entsteht ein großes Bild als Gemeinschaftsarbeit.
Der Umgang mit Nägeln, Bändern und Papier in großem Umfang macht Grundschulkindern sicher Freude.

■ Einsatzmöglichkeiten

Wegen der notwendigen Zeit ist diese Form besonders für Kinderbibeltage, Gemeindefeste, Kinderfreizeiten geeignet. Gemeinschaft wird dabei gefördert und es entsteht etwas, was der ganzen Gemeinde gezeigt werden kann.

■ Inhaltliche Verbindungen

Hier geht es um die Arche des Noah (1. Mose/Genesis 6–8). Sie wird gebaut und gefüllt. Es wird darauf ankommen, den Inhalt der Geschichte vor und nach der Arbeit am Bild zu vermitteln. Dabei könnte der Gedanke: »Wir leben als Nachkommen des Noah unter dem Segensbogen Gottes« das Leitmotiv sein.

■ Material und Werkzeug

— Holz- oder Spanplatten, mindestens 2 x 4 m
— 200 bis 300 Papprollen aus Klopapierrollen
— dunkles Krepppapier
— Paketschnur
— Hammer und Nägel
— Tonkarton oder Moosgummi, um Tiere daraus zu schneiden
— Kleber und Scheren
— ein großes blaues Tuch

■ So wird es gemacht

Die Papprollen werden mit Krepppapier eingewickelt. Kleben ist nicht nötig, wenn man das Papier oben und unten in die Rolle steckt. (Mit feuchtem Kleber färbt Krepppapier stark!) Die Rollen auf Paketschnur fädeln.
Diese Rollenbänder werden nun zwischen Nägeln, die in die Holzwand geschlagen sind, gespannt, so dass der Umriss der Arche entsteht (s. Skizze unten, mit den Markierungen für die Nägel).
Jetzt werden die verschiedenen Tiere und Menschen geschnitten, gefaltet und geklebt, so wie Kinder es je nach Alter und Fähigkeit können, und die Arche wird bevölkert. Das blaue Tuch wird als Wasser angebracht.
Nun folgen Sonne, Wolken und der Regenbogen. Die Namen der beteiligten Kinder können dann entweder auf Figuren geschrieben oder mit kleinen Namenszetteln in die Arche geheftet werden. Gottes Versprechen (1. Mose/Genesis 8,22) kann auf den Regenbogen geschrieben werden.

Vorgestellt von Anke Neblung und Gabi Bruckschen, Duisburg.

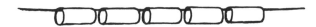

Detail: Die Klopapierrollen werden auf die Schnur aufgefädelt.

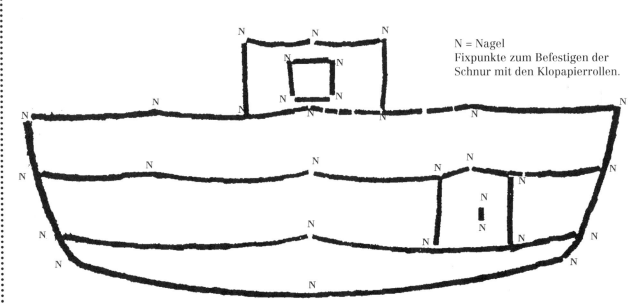

N = Nagel
Fixpunkte zum Befestigen der Schnur mit den Klopapierrollen.

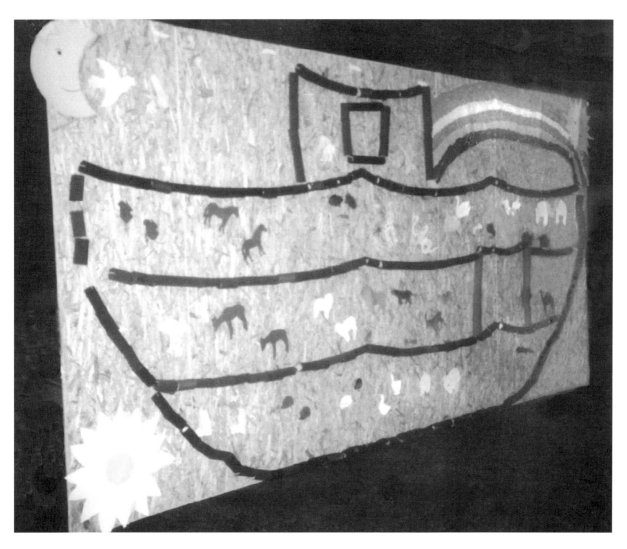

Die Arche Noah als großformatiges Wandbild

Ideen für viele Gelegenheiten

Aktion Tauferinnerung

■ Idee

Monatlich wird der erste Kindergottesdienst mit einer Tauferinnerungs-Liturgie begonnen, zu der alle Kinder besonders eingeladen werden, die im Laufe dieses Monats ihren Tauftag haben.

■ Einsatzmöglichkeiten

In jeder Gemeinde, die wöchentlich Kindergottesdienst feiert, ist dies eine Möglichkeit, über viele Jahre hin, Kinder und ihre Familien anzusprechen und zu begleiten.

■ Inhaltliche Verbindungen

Die Taufe bekommt durch die regelmäßige Erinnerung einen besonderen Wert und wird auch den Kindern bewusst, die als Säuglinge getauft wurden.

Familien, die keine eigene Tradition der Tauferinnerung entwickelt haben, werden auf eine gute Weise angesprochen.

■ Material

Eine »Taufmappe« wird angelegt, in der alle Kinder der Kirchengemeinde vermerkt sind. Diese Mappe ist nach Monaten sortiert und enthält den Namen des Kindes, den Tauftag und die Bibelstelle des Taufspruches. Dazu die Adresse und Telefonnummer. Jedes Jahr werden die Neugetauften aus dem Taufregister des Pfarramtes in die Mappe übertragen. Zugezogene Kinder werden so schnell wie möglich ebenfalls in die Taufmappe aufgenommen.

Zur Tauferinnerung wird für jedes eingeladene Kind eine Karte vorbereitet. Darauf steht der Name, der Tauftag und der Taufspruch im Wortlaut und mit Bibelstelle geschrieben. Die Karte hat ein Motiv, das einen Bezug zur Taufe und/oder zur Kirche hat.

Jedes anwesende »Tauferinnerungs-Kind« erhält ein weiteres Geschenk, z.B. ein kleines Heftchen mit Gebeten, einen Keramikanhänger, einen Pin usw. Eine Geschenk-Art bleibt für ein ganzes Jahr gleich.

■ So wird es gemacht

Alle Kinder ab ca. drei Jahren, deren Tauftag im laufenden Monat liegt, werden persönlich oder telefonisch einige Tage vor dem Taufgedächtnis eingeladen. Die Einladung wird jedes Jahr fortgesetzt, bis für das Kind der Konfirmandenunterricht beginnt. (Anm. d. Lektors: Analog könnte das in katholischen Gemeinden bis zur Erstkommunion reichen, sofern der Kindergottesdienst wöchentlich stattfindet. Bis zur Firmung wird es mit einer Anbindung an den Kindergottesdienst in katholischen Gemeinden nicht möglich sein.)

So gibt es für ein Kind bis zur Konfirmation etwa zehnmal diesen Kontakt von der Kirchengemeinde her. Kleine Kinder werden meistens von Eltern usw. begleitet.

Das Taufgedächtnis steht in diesem Kindergottesdienst am Anfang. Die Taufkinder werden mit ihren Namen nach vorn gerufen. Wir sprechen die Worte der Tauferinnerung (ein Beispiel ist auf der rechten Seite abgedruckt) und überreichen den Kindern die Geschenke. Es folgt ein Gebet und das Vater Unser. Ein Tauflied »für die Taufkinder und uns alle« beendet diese Tauferinnerungsfeier. Die Kinder gehen auf ihre Plätze und der Kindergottesdienst wird fortgesetzt.

Anmerkungen:

Die Karte zur Tauferinnerung erhalten nachträglich per Handpost auch die Kinder, die nicht anwesend waren. Das ist sinnvoll, weil die Karten ohnehin geschrieben sind und die Familien so noch einmal an die Taufe erinnert werden.

Das Geschenk erhalten wirklich nur die anwesenden Taufkinder. Da sind wir ganz konsequent, und das ist auch von den Kindern akzeptiert.

Der jährliche Wechsel des Geschenkes geschieht zu Beginn des Kirchenjahres, nicht des Kalenderjahres. So wird auch diese Zeitrechnung den Kindern bewusst.

Die wiederkehrenden Elemente und die Regelmäßigkeit erleichtern dem Team die Aufgabe und geben den Kindern Geborgenheit im Gottesdienst.

■ **Worte zur Tauferinnerung**

(Es wird eventuell die Taufkerze angezündet.)
(Name), heute vor ... Jahren bist du getauft worden. Gott hat versprochen, dass er bei dir sein will; dein ganzes Leben, wenn es schön ist und wenn es schwer ist.
Du bist Gottes Kind. Der allmächtige Gott hat dich lieb. Gott will dir verzeihen, wenn du etwas falsch gemacht hast, und dir wieder auf den rechten Weg helfen. Du gehörst zur großen Familie Gottes, der Kirche.
Das alles hat Gott dir und uns in der heiligen Taufe geschenkt. Dafür wollen wir ihm danken und ihn loben.

(Aus: Evangelisches Gesangbuch, Ausgabe für die Evangelisch-Lutherischen Kirchen in Bayern und Thüringen, Nr. 811)

GEBET

Lieber himmlischer Vater,
du hast unsere/unseren (Name) und uns
in der heiligen Taufe beim Namen gerufen
und als deine Kinder angenommen.
Dafür danken wir dir und bitten dich:
Lass uns immer auf dich vertrauen
und unseren Lebensweg froh weitergehen.
Durch unseren Herrn Jesus Christus,
der uns das Leben gebracht hat.
Vater unser im Himmel ...

(Aus: Evangelisches Gesangbuch, Ausgabe für die Evangelisch-Lutherischen Kirchen in Bayern und Thüringen, Nr. 811)

Vorgestellt vom Kindergottesdienst Ettenstatt.

Angelspiel

■ Idee

Aus einfachem Material wird das altbekannte Angelspiel hergestellt.

■ Einsatzmöglichkeiten

Das Basteln und der Umgang mit Magneten macht Grundschulkindern viel Spaß.
Auch Kindergartenkinder können beteiligt werden. Bei Kinderbibeltagen und ähnlichen Veranstaltungen ist Zeit genug, das Spiel zu bauen.

■ Inhaltliche Verbindungen

Fischzug des Petrus (Lukas 5,1–11)
Der Fisch als altes Zeichen der Christen

■ Material

— Für die Fische: Tonkarton, Büroklammern oder Bürotacker
— Für die Angel: Rundholz, Bindfaden, Magnet
— Für das »Fischbecken«: Schuhkarton oder größerer Karton
— Babynahrungsglas (für die kleine Variante)
— Klebstoff
— Schere

■ So wird es gemacht

1. Das »Fischbecken« wird gestaltet: Anmalen, Fische und Wasserpflanzen ausschneiden und aufkleben usw.
2. Zahlreiche kleine Fische ausschneiden, entweder eine Büroklammer stramm am Fisch befestigen oder ein bis zwei Tackernadeln in den Fisch setzen. Testen, ob der Magnet daran hält und der Fisch hochgezogen werden kann. Alle Fische entsprechend präparieren und ins »Fischbecken« legen.
3. Den Magneten an den Bindfaden knoten, evtl. mit Klebstoff gegen Herausrutschen sichern. Den Bindfaden in der gewünschten Länge am Rundholz befestigen. Die Länge des Rundholzes richtet sich nach der Größe des Gefäßes und dem Geschick der Kinder. Je länger das Holz ist, um so schwieriger wird das Angeln.

■ Spielregeln

Grundsätzlich gilt: Das Rundholz muss am Ende gefasst werden. Der Bindfaden darf nicht berührt werden. Ein Fisch gilt als geangelt, wenn er außerhalb des Fischbeckens auf dem Boden liegt.

Mögliche Spielvarianten:
a) Nacheinander angelt jedes Kind allein und versucht innerhalb einer Minute so viele Fische wie möglich herauszuholen.
b) Jedes Kind hat ein eigenes kleines »Fischbecken« mit derselben Anzahl von Fischen. Wer ist am schnellsten?
c) Aus einem großen »Fischbecken« angeln mehrere Kinder zugleich, bis das Becken leer ist. *(Hier gibt es leicht Streit, weil die Magnete sich gegenseitig anziehen.)*
d) An zwei Fischbecken mit derselben Anzahl von Fischen angeln zwei Gruppen. Welche Gruppe hat zuerst alles gefischt? *(Hier muss innerhalb der Gruppe gut koordiniert werden, damit man sich nicht gegenseitig ins Magnetfeld kommt.)*

*Vorgestellt von Ulrich Merkel,
ergänzt von B. Messerschmidt.*

Einfacher Papierhubschrauber

■ Idee

Luft kann man nicht sehen.
Mit diesem einfachen Papierhubschrauber wird sichtbar, dass Luft da ist, trägt und bewegt.

■ Einsatzmöglichkeiten

Eine nette Spielerei für Kinder, die in der Lage sind, gerade Linien nachzuschneiden.
In Kirchen mit einer Empore ein schönes Spiel: Den fertigen Hubschrauber von oben losfliegen lassen.

■ Inhaltliche Verbindungen

Staunen über die Luft, die wir zum Atmen haben. Bewegung, von der wir nicht erkennen, woher sie angestoßen wird.

■ Material und Werkzeug

— Papier mit dem aufkopierten Schnittmuster (s. rechts)
— Schere

■ So wird es gemacht

Ausschneiden (durchgezogene Linie) und falten (gestrichelte Linie), wie es in der Zeichnung (rechts) angegeben ist.
Den Hubschrauber an den Flügeln halten und von einem möglichst hohen Punkt aus loslassen. In Kreiselbewegungen sinkt er hinunter.
Der Hubschrauber kann bemalt und mit Namen versehen werden.

Vorgestellt von Monika Valentin, Uedem.

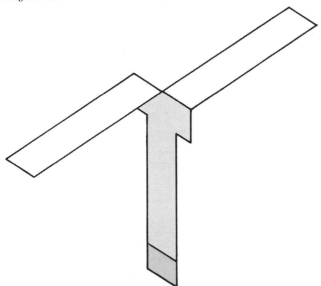

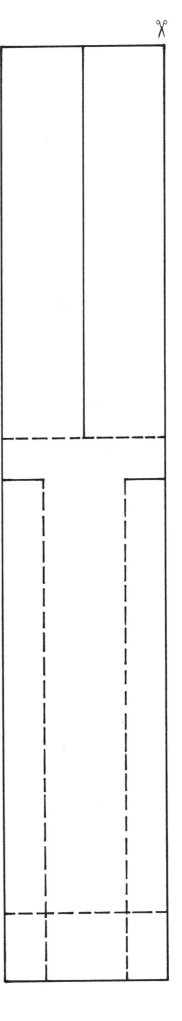

Eine Zeitschrift für den Kindergottesdienst: Der KiGo-Bo(o)te

■ Idee

Mitarbeiter/innen setzten die Idee, eine eigene Kindergottesdienst-Zeitschrift in der Gemeinde ins Leben zu rufen, in die Tat um. Es gibt dreimal im Jahr (Weihnachten, Ostern und vor den Sommerferien) den »KiGo-Bo(o)ten« in der Gemeinde. Das Titelblatt ist immer gleich und somit sofort erkennbar.

■ Einsatzmöglichkeiten

Man kann die Zeitschrift zum Verteilen im Kindergottesdienst einsetzen. Dabei werden die Kinder, die zur Kirche kommen, erreicht und der Zeitaufwand für die Verteilung ist gering. Die Auflagenhöhe richtet sich nach der Zahl der Kinder, die zum Kindergottesdienst kommen, in der Regel 10–20 % der Kinder im entsprechenden Alter.

Eine aufwändigere Alternative ist es, wenn man den »KiGo-Bo(o)ten« an alle Grundschulkinder der Gemeinde verteilt. Damit werden aber auch die Kinder erreicht, die keinen Bezug zur Kirche haben. Der Zeitaufwand fürs Verteilen an die Haushalte ist hoch. Die Auflagenhöhe richtet sich nach der Zahl der Kinder im entsprechenden Alter.

■ Inhaltliche Verbindungen

Das Blatt berichtet über die Ereignisse im Kindergottesdienst und über Nachrichten aus der Gemeinde, die für Kinder interessant sind. Es bietet kleine Geschichten, Gebete, Rätsel, Lieder mit Noten für Flöte, Bastelanleitungen, Kochrezepte für Kinder, evtl. eine Geburtstagsliste.

■ So wird es gemacht

1. Im Team Inhalt und Aufgabenverteilung festlegen.
2. Artikel schreiben, kopieren usw.
3. Inhalt sinnvoll ordnen.
4. Musterheft erstellen. Der KiGo-Bo(o)te besteht aus mehreren A-4-Blättern, die auf A-5 gefaltet werden. Die Seiten müssen darum richtig angeordnet werden.
5. Die Blätter werden kopiert, zusammengelegt und gefaltet.
6. Mit einem Tacker die Heftseiten zusammenklammern oder lochen und mit einer Kordel binden.

Größere Kinder haben manchmal Lust, auch etwas zum »Kigo-Bo(o)ten« beizutragen. So wachsen sie in die Mitarbeit hinein.

Vorgestellt von Katharina Müller und Elke Schäfer, Michelrieth.

Filmdosen – ein vielseitiges Material

■ Idee

Filmdosen fallen in großen Mengen als Müll an. Dabei sind sie viel zu schade zum Wegwerfen, denn sie sind fest zu verschließen, sie sind »Blick-dicht« und sehen (fast) alle gleich aus. Man kann sie mit festen und flüssigen, harten und weichen Sachen füllen. So werden sie zu einem interessanten Bastel- und Spielmaterial. Und auch für den Mitarbeiterschrank sind sie gut zu gebrauchen.

■ Einsatzmöglichkeiten

Wie vielseitig diese Filmdosen verwendbar sind, das zeigt die folgende Ideenübersicht:

1. Bilderstreifen (wie ein Negativfilm) zu einer biblischen Geschichte erstellen und in der Dose aufbewahren. Die Dose außen entsprechend verzieren.
2. Rhythmusinstrumente herstellen: Die Dosen werden mit allem gefüllt, was Geräusche macht.
3. Eine Filmdose als Überraschung – gefüllt mit einer kleinen Süßigkeit – präsentieren.
4. Sie lässt sich auch als Würfelbecher mit Miniwürfeln verwenden.
5. Die Dose kann als Vase, z.B. für Schneeglöckchen, dienen.
6. Man kann kleine Kärtchen mit Bibelversen darin aufbewahren.
7. Sie kann zum »Fangbecher« werden: Eine kleine Kugel am Strick wird am Boden der Dose befestigt und muss durch Schwingen eingefangen werden.
8. Man kann ein Ratespiel damit machen: Die Filmdosen werden mit verschiedenen Gegenständen gefüllt und verschlossen. Allein durch Schütteln muss geraten werden, was darin ist.
9. Man kann die kleinen Dosen als Figuren gestalten und damit spielen.
10. Als Sammelbüchse lässt sie sich auch mit Münzen füllen.
11. Man kann mit mehreren Dosen ein Geräusche-Memory aufbauen: Bei gleich aussehenden Filmdosen werden immer zwei mit demselben Material gefüllt und gemischt hingestellt. Wie beim Bilder-Memory darf der Spieler/die Spielerin zwei Dosen aufnehmen und schütteln. Wenn sie gleich klingen, werden sie zum Beweis geöffnet, ansonsten werden sie wieder zurück gestellt. Richtige Paare erhält der Spieler/die Spielerin. Wer die meisten Paare hat, der hat gewonnen.
12. Man kann sie auch als Farbbehälter für kleine (Rest-)Mengen verwenden.
13. Sie sind ideal zur Aufbewahrung von Streichhölzern, Reißzwecken oder Büroklammern.
14. Sogar als Salzstreuer kann man sie einsetzen. Dazu sticht man mit einer heißen Nadel kleine Löcher in den Deckel.

Zum Beispiel: Rhythmusinstrumente

■ Material

— Filmdose
— Material zum Füllen
— Kleister
— farbige Servietten

■ So wird es gemacht

Die Dose mit dem gewünschten Material füllen, Klang testen. Dose verschließen. Servietten in Stücke reißen, mit Kleister in mehreren Lagen und Farben auf die gesamte Filmdose kleben, so dass auch der Deckel nicht mehr aufgehen kann. Gut austrocknen lassen, evtl. lackieren. Das Instrument ist fertig.

Zum Beispiel: Das Helferspiel

Geeignet für Kindergottesdienst und anderes.

■ Inhaltliche Verbindungen

Diakonie und Nächstenliebe. Helfen braucht Fantasie.

■ Material

— 21 Filmdosen
— 2 Würfel
— 21 Gegenstände, die zum Helfen anregen: z.B. Knopf, Geldstück, Herz, kleiner Stein, Korken, Briefmarke, Wasser, Bonbon, Samenkörner, Spruchkarte, Salz, Strick, Sicherheitsnadeln, Puzzle, Wachsstift, Bienenwachskerze ...
— Edding-Stifte

(weiter auf der nächsten Seite) ▶

■ So wird das Spiel vorbereitet

In jede Dose wird ein Gegenstand gepackt. Die verschlossenen Dosen bekommen Zahlen, entsprechend der möglichen Zahlenkombinationen bei 2 Würfeln:

1+1					
1+2	2+2				
1+3	2+3	3+3			
1+4	2+4	3+4	4+4		
1+5	2+5	3+5	4+5	5+5	
1+6	2+6	3+6	4+6	5+6	6+6

Alle Dosen stehen in der Mitte.

■ Spielanleitung

Reihum wird mit zwei Würfeln gewürfelt. Entsprechend der Zahlenkombination wird die Dose geöffnet und der Inhalt allen gezeigt. Alle Mitspieler denken sich verschiedene Situationen aus, in denen sie mit diesem Gegenstand helfen könnten. Sie erzählen ihre Beispiele. Das originellste Beispiel wird prämiert, indem dieser Mitspieler die Dose erhält.

Wer Zahlen würfelt, die schon vergeben sind, bekommt ein Streichholz oder ähnliches als Trost. Am Ende wird gezählt, wer die meisten Dosen hat. Für den Gewinner gibt es einen kleinen Preis (Vielleicht einen »Helfer-Orden« ?). Wer die meisten Trost-Hölzer hat, bekommt einen Trostpreis.

Variante
Geburtstagsspiel: Mit den Gegenständen aus der Dose verbinde ich einen Geburtstagswunsch für das Geburtstagskind.

Vorgestellt von Ulrich Merkel, Beutha, Claudia Wagner und Stephanie Bender, Hohenahr-Erda.

Fingeralphabet

■ Idee

Kinder haben viel Freude an der Zeichensprache. Es ist reizvoll, sich ohne Wort und Stimme mit Hilfe des Fingeralphabets zu verständigen.

■ Einsatzmöglichkeiten

Hände können ein Mittel zur Verständigung sein. Wenn bewusst gemacht werden soll, was wir mit unseren Händen alles machen können, ist das Fingeralphabet gut geeignet.

■ Inhaltliche Verbindungen

Das Fingeralphabet kann als Hinführung zur Geschichte von der Heilung des Taubstummen (Mk 7,31–37) dienen.
Thema: Hände und was Hände alles können. Wir können mit unseren Händen sprechen!

■ So wird es gemacht *(Abb. unten):*

Vorgestellt von Margit Lensing, Berlin.

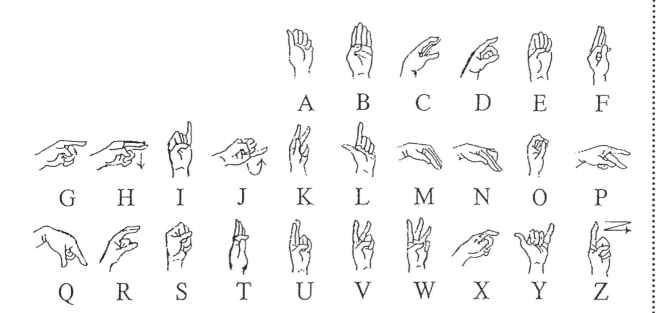

Flying-Fish

Ein mit Gas gefüllter Luftballon wird an einer Schnur hängend zum fliegenden Fisch.

■ Einsatzmöglichkeiten

Luftballons sind bei Kindern beliebt. Bei einem Gemeindefest können Flying-fish-Ballons eine Attraktion sein.

■ Inhaltliche Verbindungen

Der Fisch als Erkennungszeichen der Christen.

■ Material

— Heliumflasche mit Abfüllventil
— Luftballons
— Schnur
— Papier
— Schere
— Krepppapier
— Kleber
— Edding-Stifte

■ So wird es gemacht

Ein Luftballon wird mit Gas gefüllt und mit Knoten verschlossen. Am Knoten wird eine Schnur befestigt, die festgehalten werden muss (Partner suchen oder irgendwo festknoten!).
Aus Papier werden zwei große Augen ausgeschnitten und auf den Ballon geklebt.
Der Mund wird mit einem Eddingstift aufgemalt. Man darf dabei nicht fest drücken.
Aus Krepppapierstreifen, die etwas zusammengerafft werden, fertigt man den Schwanz und die Flossen an. Der Schwanz wird hinten angeklebt. Dann braucht man aus gerafftem Krepppapier hergestellte Flossen: zwei Seitenflossen und eine Rückenflosse. Sie werden seitlich und oben am Ballon angeklebt.

Vorgestellt von Matthias Weber-Ritzkowsky und Karin Weber, Kindergottesdienstteam Duisburg-Hamborn.

Kerzen verzieren

■ Idee

Aus einfachen weißen Stumpenkerzen werden Taufkerzen, Osterkerzen oder Schmuckkerzen, indem sie mit bunten Wachsstreifen verziert werden.

■ Einsatzmöglichkeiten

Das Verzieren von Kerzen ist eine inzwischen schon »klassische« Kreativmethode im Kindergottesdienst. Sie eignet sich für kleine Kinder ebenso wie für ältere, da die Technik einfach ist, die Gestaltungsmöglichkeiten aber bis ins Künstlerische reichen können.

■ Inhaltliche Verbindungen

Kerzenlicht ist schön. Zu vielen festlichen Anlässen gehören Kerzen einfach dazu.
Darüber hinaus hat Kerzenlicht auch einen hohen Symbolwert. Advent und Weihnachten sind ohne Kerzen kaum denkbar. Auch an besonderen Punkten des Lebens spielen Kerzen eine große Rolle: Taufe, Erstkommunion, Konfirmation, Hochzeit, Tod.
Als Tauf-, Erstkommunions-, Konfirmations- und Osterkerzen gestaltet, haben sie ihren festen Platz in vielen Gemeinden. Vielfach gestalten Kindergottesdienstkinder Taufkerzen mit Name, Taufdatum und Taufsymbol für die Täuflinge.
Eine andere Möglichkeit: Erstkommunionkinder gestalten ihre persönliche Kommunionskerze zusammen mit ihren Eltern in einer Gruppenstunde des Vorbereitungsunterrichts. Konfirmanden gestalten sich selbst ihre Konfirmationskerze zum Konfirmationsspruch.
In der Arbeit der Kinderkirche können viele Themen mit der Technik des Kerzenverzierens kreativ gestaltet werden: z.B. Advent, Weihnachten, Ostern, Pfingsten, Tod und Auferstehung.

■ Material und Werkzeug

— (Stumpen-) Kerze
— Verzierwachs
— Schneidunterlage
— kleines Küchenmesser
— eventuell für Schablonen: Bleistift,
— Tonpapier, Schere oder Cutter

■ So wird es gemacht

Das Verzierwachs wird auf die Unterlage gelegt. Mit dem Küchenmesser wird das Motiv aus dem Verzierwachs herausgeschnitten. Nun wird das Motiv auf die Kerze aufgelegt. Wenn man eine Weile die Hand über das Motiv legt, haftet es durch die Wärme dauerhaft an der Kerze.
Wird mit Schablone gearbeitet, so wird zunächst das Motiv mit Bleistift auf das Tonpapier gezeichnet und als Schablone ausgeschnitten. Dann legt man sie auf das Verzierwachs und schneidet an den Kanten der Schablone entlang das Motiv aus dem Wachs heraus.
Alternative: Es gibt im Bastelbedarf sog. Kerzenpens, mit denen man direkt auf die Kerze malen kann. Damit lassen sich Kerzen sehr fein verzieren. Kinder im Kommunions- und Konfirmationsalter und darunter werden sich mit dieser Technik aber noch schwer tun, denn es erfordert doch einige Übung.

Vorgestellt von Sandra Keyser, Lukaskirche Ibbenbüren, ergänzt von Dieter Witt und Peter Hitzelberger.

▷ *Tipp:* Beim Verlag Der Jugendfreund (Postfach 100355, 70747 Leinfelden-Echterdingen) gibt es folgende Sets zum Verzieren von Kerzen:

Set Stumpenkerze mit Verzierwachs

Kerze: 120 mm x 50 mm
Wachsblättchen: 80 x 90 mm
in den Farben blau, grün, rot und gold
verpackt im Kunststoffbeutel
verschiedene Vorlagen zum Thema »Licht sein/Weihnachten«

Set Taufkerze mit Verzierwachs

Kerze: 250 x 50 mm
Wachsblättchen: 80 x 90 mm
in den Farben blau, grün, rot und gold
verpackt im Kunststoffbeutel
verschiedene Vorlagen zum Thema »Taufe und Abendmahl«

Weitere Abbildungen und Vorlagen auf der nächsten Seite ▶▶▶

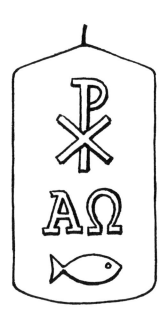
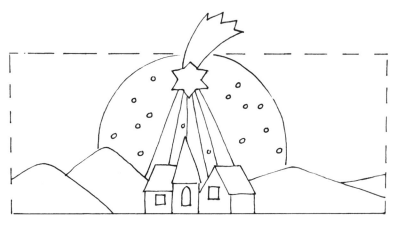

Motiv »Licht« als umlaufende Bordüre aus den Gestaltungsvorlagen zum Set »Stumpenkerze mit Verzierwachs« des Verlags Der Jugendfreund.

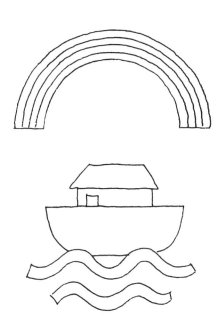

Zwei Motive aus den Gestaltungsvorlagen zum Set »Taufkerze mit Verzierwachs« des Verlags Der Jugendfreund.

Kinderknete

■ Idee

Aus einfachen Materialien wird Knete hergestellt.

■ Einsatzmöglichkeiten

Knete ist ein Grundmaterial, mit dem auch kleinere Kinder gut umgehen können.
Figuren jeder Art sind formbar, um eine Geschichte buchstäblich zu begreifen.
Die Knete ist begrenzt haltbar. Entstandene Figuren können die Kinder mitnehmen.

■ Inhaltliche Verbindungen

Viele biblische Geschichten lassen sich in einfache Szenenbilder umsetzen. Dabei können alle Kinder gut beteiligt werden.

■ Zutaten

— 400 g Mehl
— 200 g Salz
— 3 Esslöffel Öl
— 2 Esslöffel Alaun in Pulverform (aus der Apotheke)
— ½ Liter kochendes Wasser
— Lebensmittelfarbe (z.B. von Brauns-Hartmann GmbH & Co.KG, 34401 Warburg) in dem 1/2 Liter Wasser auflösen und in kleinen Mengen bis zum gewünschten Farbton einarbeiten.

■ So wird es gemacht

Mehl, Salz, Öl, Alaun und Wasser in einer Schüssel mit dem Teigschaber gut vermengen und durchkneten. Weiteres Mehl zugeben, bis der Teig nicht mehr klebt. In einem luftdichten Behälter aufbewahren.

▷ *Tipps:* Die Zutaten halbieren und jeweils eine andere Lebensmittelfarbe verwenden.
Wenn man statt Speiseöl Babyöl nimmt, riecht die Knete besser.
Vorsicht: Alaunpulver ist giftig. Daher bitte darauf achten, dass die Kinder die Knete nicht in den Mund nehmen.

Vorgestellt von Mira Fleischer und Sarah Preyer, Evang. Kirchengemeinde Wermelskirchen; ergänzt durch Regina Hitzelberger, Stuttgart.

Linoldruck

■ Idee

Linoldruck ist eine altbewährte Drucktechnik, die es ermöglicht, sehr schnell Schmuckkarten in großer Zahl anzufertigen.

■ Einsatzmöglichkeiten

In Kindergottesdiensten, bei Kinderbibeltagen usw. für unterschiedlichste Altersgruppen geeignet, sobald die Kinder die Druckwalze fest genug aufdrücken können.
Es lassen sich Grußkarten zu vielen Gelegenheiten herstellen. Man kann mit dieser Technik das Deckblatt eines Weihnachtsbuches mit Gemälden der Kinder gestalten, das dann als Mitbringsel im Altenheim dienen kann, ebenso das Deckblatt eines Taufbuches bei Taufen oder das Deckblatt eines Ferienbuches mit Rätseln für lange Ferienfahrten.

■ Inhaltliche Verbindungen

Alle biblischen Geschichten und Symbole, die mit einfachen Formen in Linolplatten zu schneiden sind: Weihnachten, Ostern, Hirte, Arche, Weinstock mit Trauben, Fisch …

■ Material und Werkzeug

— Linolplatte
— Linolschnittmesser mit verschiedenen Profilen
— Farbwalze
— Linoldruckfarben (z.B. schwarz, grün, rot, blau)
— Druckwalze
— weiße oder getönte Karten (größer als die Druckplatte, z.B. DIN A 5 oder A 6)
— Brettchen oder Glasplatte
— Zeitung oder andere Unterlage
— Bleistift und Radiergummi
— Pergamentpapier
— Kohlepapier

■ So wird es gemacht

Für Kinder sollte die Linoldruckplatte von Mitarbeiterinnen und Mitarbeitern hergestellt werden. Jugendliche sind in der Lage, die Linoldruckplatte selbst zu entwerfen und bei einiger Vorsicht auch zu schneiden.
Linoldruck ist ein Hochdruckverfahren, d.h. alles, was nicht weggeschnitten ist, wird eingefärbt und gedruckt. Dies ist beim Entwurf ebenso zu berücksichtigen wie die beim Drucken entstehende Spiegelverkehrung. Einfache Entwürfe können unmittelbar auf die Linolplatte gezeichnet werden. Anspruchsvollere Entwürfe zeichnet man im Maßstab 1:1 auf Pergamentpapier vor. Anschließend wird das Pergamentpapier umgedreht und auf der Rückseite nachgezeichnet, indem man es an die Fensterscheibe hält. Nun wird diese Vorlage mit Hilfe des Kohlepapiers auf die Linolplatte übertragen. Mit Hilfe unterschiedlicher Linolmesser wird alles, was nicht gedruckt erscheinen soll, weggeschnitten.
Dabei muss die Hand mit dem Messer immer vom Körper weggeführt werden. Die zweite Hand, welche die Platte hält, darf niemals vor das schneidende Messer geraten! (Verletzungsgefahr!)
Nun kann gedruckt werden:
Die Karte auf der Unterlage bereitlegen. Die Farbe auf ein Brettchen oder eine Glasplatte aufbringen und die Farbwalze so lange darüber rollen, bis die Farbe gut verteilt ist. Die Druckplatte mit der Walze einfärben und dann mit der gefärbten Seite auf das Papier legen und mit einer sauberen Druckwalze andrücken.
Die Druckplatte abheben und die Karte zum Trocknen auf Zeitungspapier auslegen.

Vorgestellt von Marcel König und Alina Jaspert, Kindergottesdienstteam an der Bielertkirche, Leverkusen-Opladen.

Maschendrahtbilder

■ Idee

Ein kleiner einfacher Holzrahmen wird mit Kaninchendraht bespannt und dient so als Grundlage für frei zu entwickelnde Bildcollagen.
Mehrere Rahmen können später zu einem gemeinsamen Bild zusammengefügt werden. Wenn man einen größeren Rahmen herstellt, kann dieser Grundlage für eine Gruppenarbeit sein, was insbesondere kleinen Kindergottesdienstgruppen Freude macht.

■ Einsatzmöglichkeiten

Besonders im Rahmen von Kinderbibeltagen oder mehrstündigen Kindergottesdiensten können Kinder das gesamte Werk herstellen.
Für einstündige Kindergottesdienste empfiehlt es sich, die Rahmen vorzubereiten, um für die Gestaltung – und damit die inhaltliche Arbeit – genug Zeit zu haben.
Die Anordnung von Rahmen bietet weitere Möglichkeiten, inhaltliche Impulse zu vertiefen: z.B. als Weg, als Kreuz, als Haus. Da die Rahmen von beiden Seiten interessant sind, können sie auch in einem Fenster ihren Platz finden.

■ Inhaltliche Verbindungen

— Das Gleichnis vom vierfachen Acker in vier Rahmen (Markus 4, 1–20)
— symbolhaft zur Passion (als Fries = Weg oder als Kreuz angeordnet)
— symbolhaft zum Adventsweg (als Fries = Weg angeordnet)
— Liturgie – ein Haus, in dem man wohnen kann (Rahmen in Hausform)

■ Material und Werkzeug

— rechteckige Leisten in der gewünschten Länge
— Kaninchendraht in ausreichender Größe (nicht mit Kunststoff bezogen!)
— Material zum Einweben, z.B. Wolle, Bast, Ranken, Blüten, dünne Äste, Getreide und vieles mehr, je nach Bedarf
— Material zum Aufkleben, z.B. Steine, Muscheln, Schneckenhäuser, Metallteile, Holzstücke und vieles mehr, je nach Bedarf
— Säge
— Schmirgelpapier
— Drahtschere
— Tacker
— Hammer
— Tesakrepp
— Heißklebepistole

■ So wird es gemacht

Die Leisten in den gewünschten Längen zusägen und die Schnittkanten abschmirgeln. Dann die Leisten zum Rechteck zusammenleimen, eventuell mit Klammern (Tacker) verstärken.
Den Maschendraht zuschneiden und mit dem Tacker auf den Rahmen befestigen. Hochstehende Drahtenden flach hämmern, den Drahtrand mit Tesakrepp überkleben, um die Verletzungsgefahr gering zu halten.
Für kleinere Kinder und normale Kindergottesdienste sollten die bis hier genannten Arbeiten von Mitarbeiterinnen und Mitarbeitern vorbereitet sein.
Parallel zur Geschichte oder im Anschluss werden mit Materialien nun entsprechende Bilder eingewebt und eingeklebt. (Heißkleber nicht für kleinere Kinder!)

Vorgestellt vom Kindergottesdienst der evangelischen Kirchengemeinde Rönsahl.

Sandbilder

■ Idee

Karten bzw. Faltkarten oder Spandosen (im Hobby- und Bastelbedarf erhältlich) werden mit eingefärbtem Sand gestaltet. Der Sand haftet auf allen Klebstoffen.
Diese Bastelarbeit ist für Menschen von 3–99 Jahren geeignet.

■ Einsatzmöglichkeiten

Gruß- oder Einladungskarten zu Festen.
Bildgestaltungen zu biblischen Geschichten.
Alternativ zu den Karten kann man auch den Deckel einer Spandose mit einem Sandbild gestalten und sie dann z.B. als Schatzkiste verwenden.

■ Inhaltliche Verbindungen

Da mit dem Kleber und dem Sand nicht sehr kleinflächig gearbeitet werden kann, eignet sich dieses Bastelangebot besonders für die Darstellung von klaren Symbolformen wie Baum, Stern, Taube, Kreuz.
Geeignete biblische Geschichten sind z.B.:
Schöpfungsgeschichte (1. Mose/Genesis 1)
Turmbau zu Babel (1. Mose/Genesis 11)
Die Arche Noah schwimmt auf dem Meer
(1. Mose/Genesis 7f)
Durchzug durch das Schilfmeer
(2. Mose/Exodus 14)
Gleichnis vom Senfkorn (Markus 4,30–32)
Gleichnis vom Schatz im Acker
(Matthäus 13,44 – vor allem in Verbindung mit der Spandose als Schatzkiste)

■ Material und Werkzeug

— Klappkarten, Briefkarten, Karton. In der Regel weiß, aber auch das Arbeiten auf dunklem Grund kann sehr wirkungsvolle Ergebnisse hervorbringen.
— alternativ: Spandose (s.o.)
— feinkörniger farbiger Sand; der Sand muss ganz trocken sein!
— Klebstoff (am besten gelingt das Arbeiten mit Klebestiften!)

■ So wird es gemacht

Mit Klebstoff bzw. Klebestift wird auf die Postkarte »gemalt«. Anschließend wird Sand darüber gestreut, der dann am Klebstoff haften bleibt. Der überschüssige Sand wird auf einer Unterlage gesammelt und wieder in das entsprechende Gefäß zurück geschüttet.
Will man mehrfarbige Bilder erzielen, so wird der Vorgang mit Sand in der gewünschten Farbe wiederholt.
Eine alternative Möglichkeit ist die Verwendung einer Schablone, die abdeckt, was frei bleiben soll.

Vorgestellt von Kordula Rothe, Kampen.

Seidentücher in der Mikrowelle oder mit dem Bügeleisen fixieren

■ Idee

Farbige Seidentücher können im Kindergottesdienst in vielerlei Weise genutzt werden. Ihre Herstellung ist einfach und schnell, wenn man die Fixierung in der Mikrowelle oder mit dem Bügeleisen selbst vornimmt.

■ Einsatzmöglichkeiten

Tücher können als Altardecke oder -behang gebraucht werden und sich an den liturgischen Farben orientieren. Sie helfen beim Gestalten einer Mitte, wenn die Kinder im Kreis sitzen. Es lassen sich damit Tänze mit bunten Tüchern gestalten und sie können als Geschenk für die Kinder verwendet werden.

■ Inhaltliche Verbindungen

Je nach Farbgebung können die Tücher in Verbindung mit jeder Geschichte eingesetzt werden (Brauntöne für Erde, Gelb-ocker für Wüste, Blau für Wasser ...). Auch um Gefühle auszudrücken, sind farbige Tücher geeignet.

■ Material

— Seidentücher
— dampf- oder bügelfixierbare Seidenmalfarbe
— einfacher Haushaltsessig
— Gummihandschuhe
— Plastikfolie oder Wachstuch
— Mikrowellenschüssel mit Deckel
— Mikrowelle mit mindestens 600 Watt

■ So wird es gemacht

Das Etikett von der Seide entfernen und die unbehandelte Seide in Essig tauchen, auswringen und auf die Folie legen.
Seidenmalfarben mit Pipette oder Pinsel auf die Seide träufeln, leicht andrücken und antrocknen lassen. Schöne Effekte entstehen, wenn man sparsam grobes Salz auf die noch nasse Farbe streut.
Die Seide nun in die Mikrowellen-Schüssel legen und zudecken.
4–6 Minuten bei ca. 600 Watt in die Mikrowelle stellen. Vorsichtig mit der Temperatur, weil die Seide sonst Löcher bekommen kann!
Bei bügelfixierbaren Farben mit dem Bügeleisen fixieren, wenn die Seide trocken ist. Das Tuch auskühlen lassen und die überschüssige Farbe mit klarem Wasser ausspülen. Mit Textilstempelfarbe und Stempeln kann das Tuch noch bedruckt werden.

Vorgestellt von Inga Wolf, Enkenbach, ergänzt von Regina Hitzelberger, Stuttgart.

Sonnenmassage

■ Idee

Die Eindrücke von Sonne und Regen werden mit den Händen auf dem Rücken der Partnerin/des Partners spürbar gemacht.

■ Einsatzmöglichkeiten

Ein Kindergottesdienst hat diese Sonnenmassage über ein paar Wochen im Anschluss an jede Geschichte gemacht, und alle fanden das sehr schön.
Die Beteiligten müssen einander vertrauen und die Nähe der Partnerin/des Partners mögen. Für Kinder im Kindergarten- und Grundschulalter geeignet.
Es ist wichtig, dass die Erzählung ruhig und mit ausreichenden Pausen vermittelt wird.

■ Inhaltliche Verbindungen

— Als »Trost« an einem verregneten Wochenende.
— In Verbindung mit Sonnen- oder Wassergeschichten.
— Zum Thema »Hände können ...«

■ Material

Decken zum Drauflegen, evtl. kleine Kissen

■ So wird es gemacht

Der Raum sollte heimelig sein. Die Kinder finden sich zu Paargruppen zusammen. Jeweils ein Kind legt sich auf den Bauch, das andere kniet bequem daneben. Die/der Erzählende hat ebenfalls einen Partner, so dass sich die Kinder daran orientieren können.
Die Aktiven reiben ihre Hände aneinander, damit sie schön warm sind und legen dann beide Hände ganz ruhig auf den Rücken der Partnerin/des Partners.

Erzähler/in:
Du spürst, wie die Sonne dich wärmt.
(Die Hände auflegen und ruhen lassen, damit die Wärme spürbar wird. Dann an einer anderen Stelle auflegen, ruhen lassen – usw., bis die Wärme den ganzen Rücken erreicht hat.)
Es ist ein schöner Sommertag, doch schau, es kommen ein paar Wolken. Nein, nicht nur ein paar Wolken, sondern richtige Regenwolken. Da beginnt es auch schon zu regnen. Aber nur ein paar Tropfen.
(Langsam mit dem einzelnen Finger auf den Rücken tippen, immer an einer anderen Stelle.)
Der Regen wird stärker.
(Mit dem Zeigefinger jeder Hand und schneller tippen.)
Es kommt richtiger Sturm auf. Der Regen prasselt vom Himmel herunter.
(Mit allen Fingern schnell auf den Rücken tippen.)
Da! Plötzlich ein Blitz!
(Mit einem einzelnen Finger ganz schnell einen Blitz auf den Rücken malen.)
Und es donnert.
(Mit den Fäusten leicht auf den Rücken klopfen.)
Und schon wieder ein Blitz!
(Blitz malen.)
Und ein Donner!
(Mit den Fäusten leicht auf den Rücken klopfen.)
Doch dann hört das Gewitter auf.
Der Regen lässt nach.
(Das Tippen mit den Fingern allmählich langsamer werden lassen.)
Die Sonne scheint wieder und wärmt deinen Körper und trocknet dich.
(Beide Hände wieder ruhig und wärmend auf den Rücken legen.)

Die Kinder brauchen noch ein bisschen Zeit zum Nachspüren. Sie stehen auf, wenn sie es möchten. Nach einer kleinen Pause können die Rollen getauscht werden, so dass alle in den Genuss der Massage kommen.

Vorgestellt auf dem Kreativmarkt der Gesamttagung für Kindergottesdienst 1998 in Nürnberg. Die Anbieter waren leider nicht mehr zu ermitteln.

Stempel aus Moosgummi

■ Idee

Aus Moosgummi wird ein Stempel mit einem Motiv eigener Wahl hergestellt. Da die Stempel selbst entworfen werden, sind den Ideen keine Grenzen gesetzt. Gedruckt wird auf Papier oder Stoff.

■ Einsatzmöglichkeiten

In vielfältiger Weise zum Herstellen großer Stückzahlen in kurzer Zeit geeignet.
Lediglich das Herstellen des Stempels erfordert etwas Geschick. Ist der Stempel aber erst einmal vorhanden, dann kann auf Grund der einfachen Technik des Stempelns jeder mitmachen.

■ Inhaltliche Verbindungen

Stempel sind in der Arbeit mit Kindern vielseitig einsetzbar:
— Bei Kinderkirchentagen für Namensschilder, Kopftücher oder Tischdecken;
— im Kindergottesdienst als Altardecke mit bunten Motiven und den Namen der Kinder;
— bei Gemeindefesten werden Stofftaschen mit Motiven des Festthemas oder dem Kindergottesdienstlogo bedruckt.

■ Material

— Moosgummi aus dem Bastelgeschäft
— wasserfest verleimtes dickes Sperrholz, Tischlerplatte oder Holzklotz z.B. von einem alten Baukasten
— Pattex
— Holzleim
— Holzstange (Dübelholz)
— Stempelkissen für das Bedrucken von Papier
— Stoffmalfarbe oder spezielles Stempelkissen zum Bedrucken von Stoff
— Papier oder Stoff

■ Werkzeug

— Bleistift
— Schere
— Cuttermesser
— Säge
— Holzbohrer
— Pinsel
— Unterlage

■ So wird es gemacht

Zuerst wird das Motiv für den Stempel ausgewählt. Das Motiv wird aus Moosgummi ausgeschnitten. Man muss darauf achten, die Maße für den Holzklotz oder den Abschnitt der Holzplatte so zu wählen, dass er größer ist als das Motiv.
Bei dünneren Holzplatten ist es für Kinderhände hilfreich, wenn die Stempel auch einen Griff bekommen. Dazu muss vor dem Aufkleben des Moosgummis ein Loch in die Platte gebohrt werden. Aus einer Holzstange (Dübelholz aus dem Baumarkt) wird ein 4–5 cm langes Stück abgesägt und als Griff bündig in das Loch eingeleimt. Ist der Griff fest, kann das Motiv aus Moosgummi aufgeklebt werden.
Dabei ist es bei manchen Motiven wichtig, daran zu denken, dass sie nach dem Druck spiegelverkehrt erscheinen. Pattex hat sich als Kleber bewährt, denn die Stempel sollen abwaschbar sein! Beim Kleben die Gebrauchsanweisung bezüglich der Trocknungszeiten beachten!
Es gibt aus Moosgummi gestanzte Formen. Besonders die Buchstaben sind sehr hilfreich bei Namensstempeln.

▷ *Tipps für das Drucken auf Stoff*

Soll mit Stoffmalfarbe auf Stoff gedruckt werden, dann ist es unbedingt erforderlich, den Stoff erst einmal zu waschen: die Imprägnierung oder eventuelle Schmutzreste müssen entfernt werden, damit die Farbe haftet. Bitte auch den Tisch durch eine Unterlage schützen!
Vor dem Bedrucken des Stoffes ist es gut, auf Papier zu üben. Die Kinder können so ein Gefühl für das Drucken bekommen. Spezielle Stempelkissen für Stoffdruck sind gut, aber teuer. Vor dem Wechsel zu einer anderen Farbe muss der Stempel gut abgewaschen werden, um die Stempelkissen nicht zu verderben. Wenn man die Farbe mit dem Pinsel auf den Stempel aufträgt, muss dies behutsam und dünn geschehen, um Kleckse zu vermeiden. Jede Farbe bekommt einen eigenen Pinsel. So bleiben die Farben sauber und die Kinder weitgehend auch. Beim Drucken auf Stoff ist es vor allem bei dickeren Stoffen wichtig, den Stempel lange aufzudrücken, damit die Farbe einziehen kann.

Vorgestellt von Christine Lammers-Beier und Annika Bents, Kinderkirche Ochtersum.

Taufschalen gestalten

■ Idee

Ein kreisförmiges Blatt wird durch Ausmalen als Taufschale mit dem eigenen Taufspruch (Bibelwort zur Taufe) gestaltet.

■ Einsatzmöglichkeiten

Beim Thema Taufe und als Tauferinnerung im Kindergottesdienst, in der Erstkommunionvorbereitung, mit dem Konfirmationsspruch als Konfirmationsvorbereitung.

■ Inhaltliche Verbindungen

Der eigene Taufspruch gerät leicht in Vergessenheit. Er kann durch die kreative Auseinandersetzung neu ins Bewusstsein kommen.

■ Material

— großes Zeichenpapier (43 x 61 cm)
— Bleistifte und Radiergummi
— Buntstifte oder Ölkreiden
— evtl. einen Pflanzenhalterring (Durchmesser 40 cm) aus der Gärtnerei
— evtl. einen Pflanzenhalterring (Durchmesser 28 cm)
— Schere

■ So wird es gemacht

Wenn man keinen großen Zirkel hat, kann man die Kreise folgendermaßen malen:
Die beiden Pflanzenhalterringe werden aufeinander gelegt, so dass ihre Mittelpunkte aufeinander liegen. Mit einem durchgesteckten (Blei-)stift werden sie fixiert.
Man legt die Pflanzenhalterringe in die Mitte des Zeichenpapiers, so dass der größere Ring unten liegt. Nun hat man die Vorlage für zwei zentrierte Kreise und braucht nur noch den äußeren und inneren Kreis mit dem Bleistift zu umfahren.
Nun kann der Rand und das Innere der Taufschale ausgemalt und die Taufschale ausgeschnitten werden.
Die Freiheit in der Gestaltung und das Bereitstellen von guten Stiften tragen dazu bei, dass besonders Teenies sich sehr intensiv mit ihrem Tauf- bzw. Konfirmationsspruch auseinandersetzen.

Vorgestellt vom Kindergottesdienstteam an der Bielertkirche, Leverkusen-Opladen.

Zucker-Kreide-Bilder

■ Idee

Auf großen dunklen Flächen wird gemalt. Zuckerkreide wirkt durch die besondere Leuchtkraft vor allem in großen Formaten.

■ Einsatzmöglichkeiten

Die Methode ist zur Gestaltung von großen Plakaten, eindrucksvollen Kulissen und für Wandfriese geeignet. Die Kreide ist ein attraktives Medium für Kinder und Jugendliche und ermutigt zum großflächigen Malen.

■ Inhaltliche Verbindungen

Wir haben Themen umgesetzt wie: 10 Gebote (2. Mose/Exodus 20), Essensgeschichten in der Bibel, Stadtkulisse für biblische Erzählungen, Sonnenaufgang in der Ostererzählung, Erntedank – meine Gaben und Begabungen, Szenen aus der Bileamgeschichte (4. Mose/Numeri 22–24), freies Malangebot zum Gemeindefest.

■ Material

— farbige Tafelkreide
— Zuckerlösung aus 1/4 Liter Wasser mit 3–4 Esslöffeln Zucker
— dunkles Tonpapier, Packpapier, aber auch Rupfen oder Stoff
— zum Fixieren ein billiges Haarspray

■ So wird es gemacht

Die Kreide, evtl. farbig sortiert, wird 3–4 Stunden in Zuckerlösung gelegt. Gemalt wird mit feuchter Kreide. Zum Ablegen der Bilder muss man Küchentücher bereithalten. Die Kreide bricht leicht, darum ist »sanftes« Malen notwendig. Die Farbe haftet gut auf dem Untergrund und entwickelt eine starke Leuchtkraft. Wenn man die Bilder mit Haarspray fixiert, werden sie haltbarer.

Vorgestellt von Brigitte Schaeffer, Kirchengemeinde Ensheim.

Bastelarbeiten und kleine Geschenke

Baum mit Mensch und Taube

■ Idee

Einheit der Schöpfung in einem Motiv, das aus drei Figuren besteht.
Das Motiv wurde vom »Werkstättle« (siehe »Hinweis«) zum Evang. Kirchentag im Ruhrgebiet 1991 entworfen und wurde für diese Veröffentlichung freundlicherweise zum Abdruck frei gegeben. Für nicht kommerzielle Zwecke in der Kirchengemeinde darf es als Anregung gebraucht werden.

■ Einsatzmöglichkeiten

Ein schönes Motiv zum Aussägen aus Fichtenholz, das als besonderes Geschenk zur Taufe usw. verwendet werden kann. Die Werkarbeit ist für Menschen mit Erfahrung im Sägen geeignet.
Auch wenn die Figuren aus dem Baum herausgenommen werden, bleiben sie im Umriss darin sichtbar. Wenn man entsprechend dickes Holz verwendet, stehen die Figuren auch einzeln.

■ Inhaltliche Verbindungen

Frieden – Gerechtigkeit – Bewahrung der Schöpfung

■ Material

— Fichtenholz, 2–4 cm dick
— möglichst eine Decoupiersäge oder Stichsäge
— das Motiv vergrößern, so dass der Baum ca. 20–25 cm hoch ist

■ So wird es gemacht

Das Motiv wird ausgesägt. Die Bedienung der Säge erfordert Erfahrung. In jedem Fall ist es für Kinder nicht geeignet. Besonders das Aussägen der Taube und des Menschen erfordert große Sorgfalt. Das Holz wird fein geschmirgelt, die Ränder abgerundet. Mit Leinöl oder Lack behandeln, so dass die Maserung gut herauskommt. Nicht farbig gestalten!

▷ *Hinweis*
Fertige Friedensbäume sind im »Werkstättle« zu beziehen, einem dem Diakonischen Werk Baden angeschlossenen, gemeinnützigen Verein zur Integration und Beschäftigung von Menschen, die in Gesellschaft, Arbeit und Beruf von Ausgrenzung bedroht sind: Werkstättle e.V., Im Goldäcker 16, 88630 Pfullendorf
www.werkstaettle.de

Vorgestellt von Anne Bremicker, Essen, und Angelika Kinder, Duisburg.

Blütenkarten

■ Idee

Aus Sand und frischen Pflanzen entstehen originelle und preiswerte Karten. Diese Bastelarbeit ist für Menschen von 3-99 Jahren geeignet.

■ Einsatzmöglichkeiten

Als Gruß- oder Einladungskarten zu fröhlichen Anlässen.
Bildmotive zu biblischen Geschichten entwickeln. Dabei lässt sich die Grundidee auch für Gemeinschaftsarbeiten nutzen, so dass eine Geschichtenwand oder Ähnliches entsteht, zu der jedes Kind ein Motiv beiträgt.

■ Inhaltliche Verbindungen

Da mit Pflanzen gearbeitet wird, eignet sich diese Arbeit für alle Texte, die mit Pflanzen zu tun haben: z.B.
Schöpfungsgeschichte (1. Mose/Genesis 1)
»Seht die Lilien auf dem Feld ...«
(Matthäus 6,28–34)
Vierfacher Acker (Matthäus 13,1–23)
Gleichnis vom Senfkorn (Matthäus 13,31–32)

■ Material und Werkzeug

— Klappkarten
— Briefpapier
— Karton; in der Regel weiß, aber auch das Arbeiten auf dunklem Grund kann sehr reizvoll sein. (Oft kann man Reste von Druckereien kostenlos erhalten.)
— Kleine, frisch gepflückte Blüten, Gräser, Blätter, Körner und ähnliches Naturmaterial. (Dicke Blüten eignen sich nicht so gut, weil sie auf den Karten welken. Nur das, was gut klebt, welkt nicht!)
— Vogelsand, Seesand oder Bastelsand. (Der Sand muss immer ganz trocken sein!)
— Farbiger Sand aus dem Deko-Handel geht auch, ist aber teuer.
— Doppelseitiges Klebeband. Man kann auch z.B. Werbe-Aufkleber verwenden. Die werden dann mit ihrer Bildseite mit einem Klebestift aufgeklebt, anschließend die Schutzfolie abziehen und die Klebefläche nutzen
— Scheren
— Schälchen für das Material

■ So wird es gemacht

Auf eine Karte wird ein Streifen doppelseitiges Klebeband (oder der Aufkleber) aufgeklebt. Die Schutzfolie wird abgezogen. Dann drückt man kleine Blüten, Gräser, Körner usw. auf die Klebefläche, so wie man es gestalten möchte. Achtung! Was einmal anklebt, ist fest! Alles gut festdrücken.
Wenn das Bild fertig geklebt ist, streut man etwas feinen Sand darüber, bis alle Klebeflächen bedeckt sind. Das ist wichtig, damit die Karte später nicht am Umschlag festklebt. Der überschüssige Sand wird dann wieder leicht abgeschüttelt. Nicht reiben!

Vorgestellt von Marit Seidel und Heike Teichert, Stollberg, Sachsen.

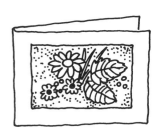

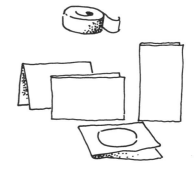

Blumen aus Eierkarton

■ Idee

Aus einfachstem Material werden Blumen.

■ Einsatzmöglichkeiten

Auch jüngere Kinder schaffen hier etwas Schönes. Da mit nassen Farben gearbeitet werden muss, ist diese Arbeit eher für längere Veranstaltungen geeignet.

■ Inhaltliche Verbindungen

Staunen über die Buntheit in der Schöpfung
(1. Mose/Genesis 1)
»Seht die Blumen auf dem Feld«
(Matthäus 6, 28–34)

■ Material

— Eierkarton, möglichst hell
— Wattekugel (Durchmesser 25 mm)
— Schaschlikstab
— grüner Tonkarton
— Leim
— Plaka- oder Wasserfarbe
— Bleistift
— Schere

■ So wird es gemacht

Ein Eierkarton-Hütchen aus der Palette herausschneiden und zu einem Blütenkelch zurechtschneiden und bunt anmalen.
Wattekugel als Blütenmitte ebenfalls anmalen.
Während die Farbe trocknet, werden aus Tonkarton Blätter ausgeschnitten und an den Schaschlik-Spieß geklebt.
Den Stab von unten durch den Blütenkelch stecken, das Ende mit Leim bestreichen und die Wattekugel aufstecken, so dass sie im Blütenkelch die Mitte füllt.

Vorgestellt von der Ev.-Luth. Kirchengemeinde St. Pauli, Braunschweig.

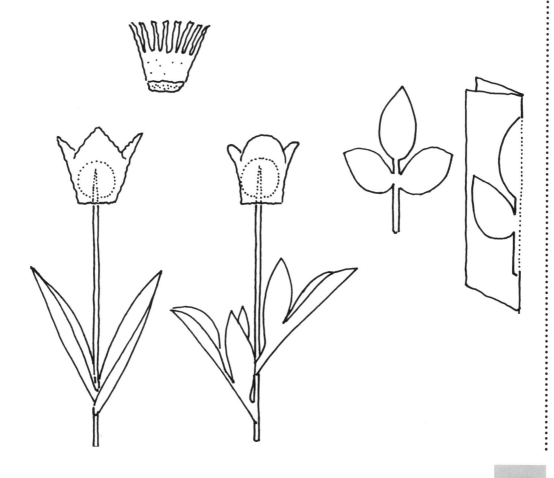

Ein Netz voller Fische
Fische aus Peddigrohr und Transparentpapier

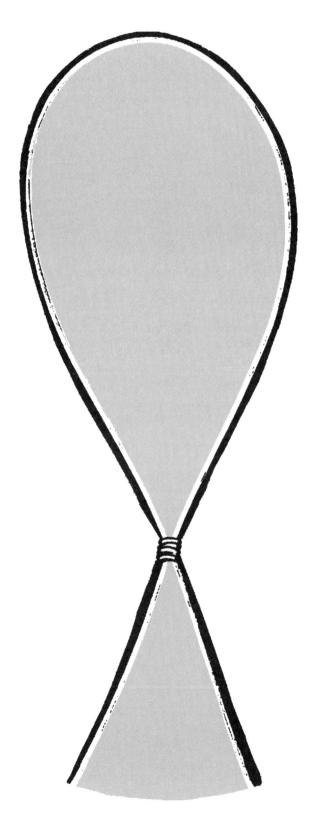

■ Idee

Aus einfachen Materialien werden schöne, wirkungsvolle Fische hergestellt. Die Größe ist variabel.

■ Einsatzmöglichkeiten

Zur Werbung für Kindergottesdienst oder Kinderbibelwoche: Die Peddigrohrfische werden in der Grundschule verteilt. Sie sollen zum nächsten Gottesdienst mitgebracht werden. Sie können dann mit Namen versehen in ein großes Netz gelegt werden.

■ Inhaltliche Verbindungen

Fischzug des Petrus (Lukas 5,1–11)
Erscheinung des Auferstandenen am See Tiberias (Johannes 21)

■ Material und Werkzeug

— Peddigrohr
— buntes Transparentpapier
— Faden
— Klebestift
— Schere
— Kneifzange

■ So wird es gemacht

Ein Stück Peddigrohr wird in der gewünschten Länge mit der Kneifzange abgeschnitten. Wir biegen das Peddigrohr von der Mitte her so, dass die Enden sich überkreuzen und ein Fischschwanz und ein Fischkörper entstehen. Die Kreuzungsstelle wird mit einem Faden umwickelt, der Faden verknotet und die Fischform auf diese Weise fixiert.
Das Peddiggrohr streichen wir einseitig mit Klebestift ein. Wir legen das Transparentpapier nun auf den Kleber und drücken es an, bis es festgeklebt ist. Anschließend schneiden wir das überstehende Transparentpapier am Rand des Peddigrohrs ab. Wenn der Fisch aufgehängt werden soll, können wir an der Oberseite des Fischkörpers noch einen Faden anbringen. Dazu bohren wir ein kleines Loch durch das Transparentpapier und befestigen den Faden.

Vorgestellt von Kristina Kügler und Nina Rink, Kindergottesdienstteam an der Bielertkirche, Leverkusen-Opladen.

Fische aus einem gedrechselten Holzkranz

■ Idee

Ein gedrechselter Holzkranz, von dem sich mit einfachen Mitteln Scheiben abspalten lassen. Die einzelnen Scheiben ergeben Fische. Das Auge wird ausgebohrt. Der Fisch kann bemalt werden.

■ Einsatzmöglichkeiten

Bemalen im Kindergottesdienst. Fisch zum Umhängen als Namensschild bei Kinderbibelwochen und Gemeindefesten, Werbung im Einladungsbrief, Mitnehmsel aus dem Gottesdienst.

■ Inhaltliche Verbindungen

Fischzug des Petrus (Lukas 5, 1–11)
Erscheinung des Auferstandenen am See Tiberias (Johannes 21)
Kindergottesdiensteinheit »Das Geheimnis des Fisches« (Ergänzungseinheit im Plan für den Kindergottesdienst der EKD 2001–2003).
Der Fisch ist ein altes Symbol der Christenheit (vgl. Erklärung unter »Fischanhänger aus Ton« S. 86)

■ Material

— gedrechselter Holzkranz
(Bezugsmöglichkeit: Reise- und Versandbuchhandlung Wilfried Schüll,
Donkerweg 56 b, 41748 Viersen,
Telefon 02162/91 45 76; ca. 45 €.
Reifendreher, die diese besondere Technik beherrschen, sind vor allem im Erzgebirge zu finden. Leider liegen uns keine Adressen vor.)

■ Werkzeug

— Hammer
— kleiner Meißel oder Spachtel
— Holzbohrer
— Faden
— Stifte

■ So wird es gemacht

Der Holzkranz ist in Fischform gedrechselt. Er wird laut Gebrauchsanleitung vorbereitet. Mit Hammer und Meißel kann nun eine Scheibe nach der anderen abgespalten werden, wobei sich jeweils eine flache Holzscheibe in Fischform ergibt.
Als Auge wird ein Loch in die Holzscheibe gebohrt. Wer mag, kann den Fisch mit Stiften bemalen. Es ist auch möglich, ein Loch für einen Faden zu bohren und einen Faden durchzuziehen. Dann kann der Fisch umgehängt werden.

Vorgestellt von Matthias Weber-Ritzkowsky und Karin Weber, Kindergottesdienstteam Duisburg-Hamborn.

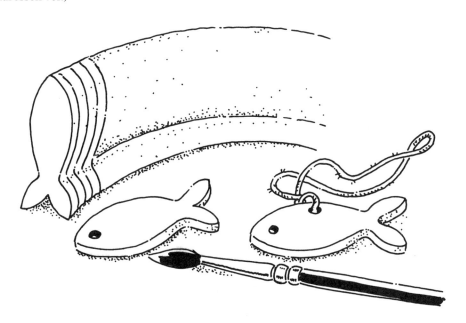

Fischanhänger aus Ton

■ Idee

Am Anfang stand wegen knapper Finanzmittel die Notwendigkeit, ein preiswertes, aber trotzdem schönes Weihnachtsgeschenk für die Kindergottesdienstkinder zu finden. Nach Durchsicht vieler Kataloge war klar: Es muss ein selbstgebasteltes Geschenk sein. So entstanden Tonanhänger, in die mit einem Stempel das Geheimzeichen der Christen eingedrückt wurde: der Fisch.

■ Einsatzmöglichkeiten

Als preiswertes Geschenk oder Mitnehmsel zum Verkauf oder Verschenken bei Gemeindefesten. Die Anhänger können sowohl von Mitarbeiter/innen als auch von Kindern hergestellt werden.

■ Inhaltliche Verbindungen

Das Zeichen des Fisches war für die frühe Christengemeinde ein Geheimzeichen. In der Zeit der Christenverfolgung konnte man sich mit diesem Zeichen dem Eingeweihten als Christ zu erkennen geben.
Zugleich war das Zeichen des Fisches ein kurz gefasstes Bekenntnis. Denn das griechische Wort ICHTHYS, das »Fisch« bedeutet, wird aus den jeweiligen Anfangsbuchstaben jener griechischen Worte gebildet, die als eines der frühesten Glaubensbekenntnisse der jungen Christengemeinde gelten können:

(übersetzt bedeuten die Wörter:)

Iesus	**J**esus
Christus	**Ch**ristus
theou	**G**ottes
hyios,	**S**ohn
soter	**R**etter.

Auch der Name »Jesus« selbst hat eine Bedeutung: »Gott hilft«.
»Christus« bedeutet Gesalbter Gottes, der in Gottes Auftrag und Vollmacht handelt.

So ist das Zeichen des Fisches nicht nur ein Geheimzeichen in der Verfolgungssituation der ersten Gemeinden, sondern zugleich auch ein Glaubensbekenntnis.

■ Material und Werkzeug

— weißer, leicht chamottierter Ton
— Nudelholzrolle
— Messer
— Runde Ausstechform wie zum Kuchenbacken
— Spanplatte als Unterlage
— Glasur
— Pinsel
— Trinkhalm
— Schwamm und Schleifschwamm
 (Alle Materialien findet man in Fachgeschäften für den Töpfereibedarf bzw. in der eigenen Küche.)
— Brennofen (Falls nicht vorhanden, kann man in Schulen oder Töpfereiläden nachfragen.)

■ So wird es gemacht

Vorbemerkung
Es sind eine Reihe von Arbeitsschritten nötig, die in der Darstellung vielleicht komplizierter klingen, als sie wirklich sind. Allerdings muss man genügend Zeit einplanen. Es sind Trocknungsphasen und Phasen für den Schrühbrand (1. Brand) und Glasurbrand (2. Brand) zu berücksichtigen. Hat man aber erst einmal den Stempel hergestellt und ein wenig Erfahrung mit der Verarbeitung des Tons gesammelt, lassen sich viele Fischanhänger preiswert herstellen.
Wir haben vor Weihnachten für unseren Kindergottesdienst ca. 80 Fischanhänger in zwei Wochen und für die Gesamttagung für Kindergottesdienst in Duisburg 2002 in fünf Wochen über 1000 Fischanhänger hergestellt (vgl. auch die Abb. auf S. 3).

Die Herstellungsschritte
Zunächst wird ein Stempel hergestellt (aus Lindenholz geschnitzt oder aus Ton geformt und gebrannt). Das Fischmotiv wird stehen gelassen, der Rest wird weg genommen.
Weißer Ton wird dann mit einem Nudelholz wie Teig zu einer ca. 1 cm dicken Platte ausgerollt. Der Ton darf nicht zu weich sein, sondern muss sich ähnlich wie Leder anfühlen.
Mit einer runden Ausstechform (Durchmesser ca. 3 cm) werden kreisförmige Tonstücke ausgestochen. Alternative: Eine Pappschablone herstellen und mit dem Messer umfahren.
Mit dem Fischstempel wird das Fischmotiv ca. 2–3 mm tief eingestempelt.
Mit Hilfe eines Trinkhalmes durchsticht man die obere Schmalseite, damit das Loch entsteht,

durch das später eine Schnur oder ein Lederband gezogen werden kann. Man verformt den Ton dabei so gut wie gar nicht, wenn der Trinkhalm beim Durchstechen gedreht wird.

Nun werden die Ränder mit einem Schwämmchen geglättet und eventuelle Verformungen ausgeglichen.

Anschließend müssen die Fischanhänger einige Tage lang gut trocknen. Wenn sie trocken sind, werden eventuelle Unebenheiten mit einem Schleifschwämmchen glatt geschliffen.

Es folgt der Schrühbrand im Töpferofen.

Wenn die nun weiß gebrannten Tonanhänger ausgekühlt sind, kann glasiert werden. Die Glasur – wir wählten eine blaue Niedrigbrandglasur – wird mit einem dünnen Pinsel vorsichtig in die fischförmige Vertiefung eingepinselt.

Will man auch die Oberfläche des Tonanhängers glasieren, dann empfiehlt es sich, dieselbe Glasur auf die Oberfläche und den Rand zu »stupfen«, d.h. wesentlich weniger Glasur aufzubringen. Dabei ist darauf zu achten, dass eventuelle auf die Rückseite des Anhängers geratene Glasurspuren gut abgewaschen werden, damit ein Anbacken beim Brand vermieden wird.

Es folgt der Glasurbrand im Brennofen.

Nach dem Auskühlen wird ein Lederband oder Häkelgarn in der gewünschten Länge zugeschnitten, durch das dafür vorgesehene Loch gezogen und verknotet, so dass der Fischanhänger umgehängt werden kann.

Vorgestellt von Ilona Brand und Denise Seidel, Kindergottesdienstteam an der Bielertkirche, Leverkusen-Opladen.

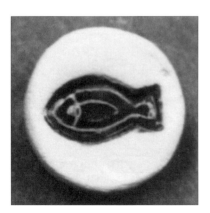

Eschenauer Kinderbibel

■ Die Idee

Kinder stellen eine Altarbibel für die Verwendung im Kindergottesdienst her und schaffen damit etwas Einmaliges. Sie erleben Teamarbeit und Wertschätzung. Sozusagen nebenbei bekommen sie auch besondere kreative Ausdrucksmöglichkeiten angeboten und erleben, dass ihr Werk kostbar ist und sie selbst der Gemeinde eine Menge wert sind.

■ Einsatzmöglichkeiten

Ein gutes Kindergottesdienst-Team kann mit einer solchen Aktion viel in Gang setzen, auch über den Kindergottesdienst hinaus. Die Beteiligung der Eltern, die Einbindung anderer Gemeindegruppen ist möglich. Die Aktion erfordert eine gewisse Stabilität und Verlässlichkeit und ist für einen regelmäßigen Kindergottesdienst ein interessanter Impuls, der die Zusammengehörigkeit und Wertschätzung fördert. Die Aktion erfordert auch eine solide finanzielle Planung (Spenden!).

■ Inhaltliche Verknüpfung

Die Bibel als Mittelpunkt des Gottesdienstes erfahren.
Eindruck von der Fülle biblischer Geschichten.
Förderung gestalterischer Ausdrucksformen jenseits von Worten.
Gemeindeaufbau mit Kindern und Familien.

Die folgende ausführliche Beschreibung des Projektes stammt aus der Gemeinde Eschenau, die dieses Projekt durchgeführt hat.

■ Projektbeschreibung

Kinder kennen biblische Geschichten, mehr oder weniger. Sie kennen die Geschichten aus Erzählungen im Kindergarten, aus dem Religionsunterricht und aus dem Kindergottesdienst. Aber eine Bibel haben sie meist noch nicht in der Hand gehalten. Deshalb haben sie keine Vorstellung davon, was für ein Buch diese Bibel ist und welche Überlieferungsgeschichte sie hat. Sie nehmen dieses Buch nicht sinnlich wahr.
Wir wollten, dass die Kinder die Bibel als etwas Kostbares, Wertvolles erkennen: wegen ihres Inhalts, aber auch wegen ihrer Überlieferungsgeschichte. Und wir waren der Meinung, dass das am besten gelingt, indem die Kinder sich selbst darum mühen, etwas Wertvolles, Kostbares und Schönes zu schaffen. Von allem Anfang an wollten wir nicht, dass dieses Buch vervielfältigt wird. Es sollte ein Einzelstück, eine Handschrift sein und bleiben, etwas, das gemeinsam geschaffen wurde und allen gemeinsam gehört. Ihr Ort sollte der Kindergottesdienst sein, dort wo sich Kinder und Erwachsene zum gemeinsamen Gottesdienst versammeln. Eine Altarbibel für die Kinderkirche also wollten wir haben. Und die Kinder sollten selbst an dem Werk teilhaben.

Die Wette

Wetten haben in der Eschenauer Kinderkirche Tradition. Seit 1991 stellen wir den Kindern jedes Jahr eine knifflige, witzige, zum Nachdenken anregende, in jedem Fall aber spannende Wettaufgabe:
»*Wir wetten, dass ihr es nicht schafft ...*«.
Und die Kinder strengen sich an. So lag es nahe, die Aktion Eschenauer Kinderbibel in eine Wette einzubinden. Dazu musste die Aufgabe klar und der Zeitraum überschaubar sein:

Hundert Geschichten von Hand abzuschreiben und hundert Bilder zu malen. Und das in sechs Wochen.

Natürlich musste dafür auch ein attraktiver Wett-Einsatz geboten werden. Für jedes Kind eine Kinderbibel, das sollte es uns schon wert sein. Nicht die eigene, handgeschriebene, aber dafür eine gedruckte, die sich die Kinder selber aussuchen konnten.
Wir wählten sieben verschiedene Kinderbibeln aus, die uns für das Altersspektrum 6 bis 13 Jahre geeignet erschienen. Sie wurden während der sechs Wochen auf einem eigenen Tisch in der örtlichen Buchhandlung präsentiert. Die Kinder, die sich an der Wette beteiligten, konnten sich die Bibeln anschauen und in eine Liste eintragen, welche sie im Falle des Wettsieges gerne haben würden.

Der Verlauf

Hundert Geschichten in sechs Wochen – das konnte nur funktionieren, wenn die Kinder das meiste zu Hause machten. Also mussten wir ihnen die Texte, die zu schreiben waren, vorgeben. Die Kinder erhielten deshalb je nach Alter mehr oder weniger lange Geschichten zum Abschreiben und einheitliche Blätter, damit am Schluss alles zusammenpassen würde. Jeden Sonntag im Kindergottesdienst war Abgabetag und Ausgabe neuer Texte für die, die gern eine zweite oder dritte Geschichte schrieben. Das bedeutete auch: sieben Wochen lang zwischen 40 und 70 Kinder im Kindergottesdienst - eine eigene Herausforderung.

Es zeigte sich bald, dass die »Großen« lieber Texte schreiben und die »Kleinen« gern malen. Genau verfolgten die Kinder (und die Eltern) jede Woche den Stand der Wette. Nach vier Wochen waren hundert Geschichten geschafft. Die Bilder dauerten etwas länger.

Die Aufgabe des Teams war es, den Eingang der Geschichten genau festzuhalten. Schließlich sollten am Ende keine Lücken in den Erzählungen bleiben. Es sollten Geschichten des Alten und Neuen Testaments ausgewogen verteilt sein. Fehlende Texte und Bilder mussten neu ausgegeben werden und die abgegebenen Schreibblätter auf größere Fehler überprüft werden. Viel Arbeit für das Team! Aber jedes Bild und jeder Text waren auch eine große Freude.

Am Ende der sechsten Woche konnten wir den stolzen Kindern mitteilen: Wette gewonnen! Hundertfünfundfünfzig Geschichten und hundertvierzig Bilder!

Noch am gleichen Tag hielten sie ihre Einladung für den Einweihungsgottesdienst am folgenden Sonntag in der Hand.

Die Werkstätten

Ohne Anleitung malen Kinder meist mit den ihnen vertrauten Techniken: Farbstifte, Filzstifte, vielleicht mal mit Wasserfarben. Wir wollten den Kindern Hilfestellung geben, auch einmal etwas Besonderes auszuprobieren. Dazu haben Eltern sogenannte Kinder-Bibel-Werkstätten unter der Woche angeboten.

Dort wurde mit Aquarellfarben gemalt, Initialen mit Blattgold verziert oder mit Tusche gezeichnet. Hier bekamen die Kinder auch Tipps zur bildlichen Umsetzung von schwierigeren Themen. Zur Werkstatt musste man sich anmelden und bekam dafür ein Ticket.

Einweihung und Präsentation

Am Sonntag 4. März 2001 wurde die Kinderbibel feierlich eingeweiht. Fast alle der 85 teilnehmenden Kinder waren mit ihren Familien zum Gottesdienst gekommen. Zum Einzug der Bibel stand die Gemeinde auf. Ein Vater hatte eigens ein Lesepult gezimmert, das auf die Größe von Kindern abgestimmt war. Zum ersten Mal sahen die Kinder, woran sie mitgearbeitet hatten.

Der Gottesdienst stützte sich in Liturgie und Verkündigung ganz auf die Bibel. Die Gebete und Psalmen wurden von Kindern aus der Bibel bzw. ihrem Anhang gelesen. Dann bekamen die Kinder eine Urkunde für die gewonnene Wette überreicht und natürlich ihren Wettpreis, ihre eigene Kinderbibel.

Am Nachmittag war dann Präsentation im Gemeindehaus, denn alle wollten das Werk anschauen. Drei Stunden lang war es umlagert von Kindern, ihren Eltern und Verwandten und viele waren angerührt von der Schönheit, der Unbekümmertheit der Gestaltung und der Auslegung in den Bildern.

Seitdem wird aus dieser Bibel im Kindergottesdienst gelesen.

Begleitende Sponsorenwerbung

Dass die Aktion nicht billig sein würde, war von Anfang an klar. Die Zusammenarbeit mit dem Grafiker, die vorgedruckten Blätter, das Binden und schließlich der Wetteinsatz – das alles würde mehrere tausend Mark kosten, die aus Haushaltsmitteln der Kirchengemeinde nicht zur Verfügung standen. So vertrauten wir darauf, dass sich die Großeltern als Sponsoren gewinnen lassen würden.

Alle Kinder bekamen vorgedruckte Briefe für ihre Großeltern, auf denen die Aktion erklärt wurde, und dazu Überweisungsträger.

Etwa 60 Spender und Spenderinnen hatten sich gefunden, die unsere Aktion unterstützten.

Die Bibel ist ein Unikat und wird nicht vervielfältigt. Einige der gemalten Bilder werden aber als Postkarte gedruckt und zum Kauf angeboten: Evang. Pfarramt Eschenau, Bei der Wette 9, 74182 Obersulm

Weitere Wett-Ideen aus der Kirchengemeinde Eschenau:

Maßband

Von einem Schneider-Maßband dürfen die Kinder drei Sonntage lang jedes einen Zentimeter abschneiden. Sie gewinnen, wenn alle 150 Zentimeter in diesen drei Sonntagen abgeschnitten sind.

Menschenkette um die Kirche

Am Sonntag nach den großen Ferien geht es darum, ob die Kinder Hand in Hand eine geschlossene Kette um die Kirche bilden können.

Kuscheltiere, 250 Paare

Wir spielen Arche Noah. Die Kinder sollen (mit ihren Freunden/Freundinnen) aus Kuscheltieren Paare bilden: Zwei Bären, zwei Dinos usw. und zum Kindergottesdienst mitbringen. Wir stellen ein Boot vor das Gemeindehaus. Bei 250 Paaren ist die Wette gewonnen.

100 Omas/Opas

Wir wollen 100 Omas bzw. Opas im Familiengottesdienst sehen. Es müssen nicht die eigenen sein. Aber jedes Kind muss »seine« Oma/Opa in den Oma/Opa-Pass eintragen. Es gibt eine Passkontrolle!

1000 Tage ohne Auto

Eine Langzeit-Wette: Vor den Sommerferien bekommt jedes Kind eine Karte mit 50 Feldern für sieben Kalenderwochen plus 1 Tag. Für jeden Tag, an dem das Kind kein Auto bestiegen hat, darf es ein Kreuzchen machen. Alle zusammen müssen 1000 Tage schaffen. Am Sonntag nach den Ferien wird abgerechnet.

300 Luftballons unterm Fallschirm

Wir füllen Gasluftballons. Die müssen die Kinder über die Wiese am Gemeindehaus transportieren, unter einen Spielfallschirm stecken und darunter festhalten. 300 müssen gleichzeitig darunter sein, dann ist die Wette gewonnen.

10 Kilo Münzen

Anlässlich der Euro-Umstellung wetteten wir, dass die Kinder keine zehn Kilo Urlaubsmünzen sammeln könnten.

Vorgestellt von der Evangelischen Kirchengemeinde Eschenau.

(Jona im Bauch des Fisches; Motiv aus der Eschenauer Kinderbibel. Dieses und weitere Motive sind als Doppelkarten erhältlich bei der Evangelischen Kirchengemeinde Eschenau, s. S. 89.)

Glocken

■ Idee

Die Kinder erhalten jedes Jahr zu Weihnachten eine Glocke, immer in einer anderen Farbe.

■ Einsatzmöglichkeiten

Eignet sich als Geschenk zu Weihnachten oder auch als Mitbringsel bei Besuchen in der Adventszeit.

■ Inhaltliche Verbindungen

Weihnachten einläuten, alle sollen es hören ...

■ Material

— Blumentopf, Durchmesser bis ca. 10,5 cm (Wenn man mag, kann man den Blumentopf mit Plakafarbe farbig anmalen.)
— eine Holzkugel 20 mm
— zwei Holzkugeln 15 mm
— 75 cm Packband
— Klebesterne zum Verzieren

■ So wird es gemacht

Die große Holzkugel auf die Mitte der Packschnur ziehen und die beiden Enden gleich lang belassen. Die Schnurenden zusammennehmen und ca. 1 cm über der Kugel verknoten.
Die gleich langen Enden des Bandes durch eine kleine Holzkugel ziehen, dann durch das Loch des Blumentopfbodens. Die Öffnung des Blumentopfes schaut nun nach unten und die beiden Kugeln sind im Blumentopf. Oben schauen die beiden Enden der Schnur heraus. Dort wird nun eine weitere kleine Holzkugel eingefädelt und die Packschnur anschließend verknotet. Den Knoten gut festziehen und zur Sicherheit einen zweiten Knoten machen.
Um die Glocke aufhängen zu können, wird die Schnur an den Enden nochmals verknotet (siehe Abbildung).

Vorgestellt von Sandra Keyser, Lukaskirche, Ibbenbüren.

Kreuze und Fische aus Kokosnussschalen

■ Idee

Aus einem originellen Material werden Kettenanhänger oder Broschen ausgesägt.

■ Einsatzmöglichkeiten

Wegen der Härte des Materials nur für ältere Kinder unter Anleitung geeignet.
Bei Kinderbibeltagen oder im Rahmen von Gemeindefesten ist diese Idee eine Möglichkeit, dass Große und Kleine gemeinsam etwas schaffen.

■ Inhaltliche Verbindungen

Der Fisch ist ein altes Symbol christlicher Gemeinden, das Kreuz ist das christliche Zeichen schlechthin.
Die Kokosnuss, die bei uns eine exotische Frucht ist, ist in ihren Herkunftsländern oft ein Grundnahrungsmittel und wird mit allen ihren Teilen genutzt.

■ Material und Werkzeug

— Gebraucht wird die Schale der Kokosnuss. Das Fruchtfleisch wird entfernt und zum Essen, evtl. zum Kuchen backen verwendet.
— Kettchen, Lederbändchen oder anklebbare Broschennadel
— stabile Laubsäge mit feinem Sägeblatt
— Schmirgelpapier
— Bohrer

■ So wird es gemacht

Die Kokosnuss knacken, das Fruchtfleisch herauslösen.
Das gewünschte Motiv auf der Innenseite aufmalen und aussägen. Das braucht Geduld, denn die Kokosnussschale ist sehr hart. Mit Schmirgelpapier die Schale schön glatt schmirgeln. Wenn das Teil ein Kettenanhänger werden soll, wird vorsichtig ein kleines Loch gebohrt.
Wenn alles fertig ist, wird das Teil mit etwas Vaseline und einem weichen Tuch poliert. Jetzt sieht man die schöne Struktur der Kokosnuss.

Vorgestellt von Mitarbeiter/innen im Kindergottesdienst der evang. Kirchengemeinde Laaken-Blombacherbach, Wuppertal-Barmen.

Schablonen für das Kreuz und den Fisch

Menschen mit Herz

■ Idee

Manchmal begegnet dir ein Mensch mit einem großen Herzen. Es könnte dann sein, dass dir ein Engel begegnet ist. In einer einfachen Bastelarbeit entsteht dazu das Bild.

■ Einsatzmöglichkeiten

In der Advents- und Weihnachtszeit ist es ein kleines Geschenk, das einem Brief beigelegt oder als Tischschmuck verwendet werden kann. Im Gottesdienst ist es ein Zeichen, das alle zusammenfügen oder bekommen können. Mit einem Faden hängt der Engel am Weihnachtsbaum. Sanft angedrückt hält er auf der Fensterscheibe und leuchtet im Sonnenlicht ein wenig.

■ Inhaltliche Verbindungen

Die Frage danach, was »Engel« sind oder sein könnten, taucht immer wieder auf. Wegen des Wachs- und Honig-Duftes ist diese Engel-Darstellung besonders in der Advents- und Weihnachtszeit gut zu verwenden.

■ Material und Werkzeug

— Wachswaben-Platten, wie sie zum Kerzenrollen gebraucht werden
— Plätzchen-Ausstechform »Herz« und »kleiner Kreis«
— Lineal und scharfes Messer
— Schneidunterlage

■ So wird es gemacht

Der Engel besteht aus drei Teilen:
Der Körper wird mit Hilfe einer Schablone und dem Lineal als gleichseitiges Dreieck mit dem Messer geschnitten. Die Größe muss ausprobiert werden und richtet sich nach der Größe der Herzform.
Der Kopf ist ein ausgestochener kleiner Kreis. Diese Form findet man häufiger im Spielwarenhandel (Puppenzubehör).
Die »Flügel« werden von dem Herzen gebildet, das von hinten an die Figur gedrückt wird.
Alle Teile werden nur durch Aneinanderdrücken zusammengebracht. Klebstoff ist nicht notwendig.
Wenn eine größere Anzahl ausgestochen werden soll, ist es ratsam, die Ausstechform auf einen Holzklotz zu kleben, in den man zuvor ein fingerdickes Loch gebohrt hat. Nun lässt sich die Form ohne Schmerzen fest in die Wachsplatte drücken. Da das ausgestochene Stück meistens hängen bleibt, wird es sanft mit dem Finger durch das Loch im Holz hinausgedrückt. Besonders schön ist es, wenn alle zunächst die Menschenform bekommen und dann das Herz. Wenn sie es aneinanderfügen, entdecken sie selbst: Menschen mit Herz sind Engel.

Vorgestellt von Heidi Boland und Anne Katrin Neu, Hamminkeln.

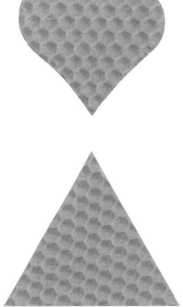

Die drei Einzelteile der Figur

Schablonen-Ausspardruck

■ Idee

Mit einfachen Mitteln können T-Shirts, Altardecken, Taschen, Kopftücher und vieles mehr gestaltet werden. Dazu wird je Farbe eine eigene Schablone erstellt, um so das Motiv nach und nach auf den Stoff zu übertragen.

■ Einsatzmöglichkeiten

Im Team können Geschenke für Kinder hergestellt werden. Mit größeren Kindern kann diese Technik im Rahmen von Kinderbibeltagen usw. erprobt und eingesetzt werden.

■ Inhaltliche Verbindungen

Je nach Motiv sind inhaltliche Anknüpfungen gegeben: Altardecken zum Kirchenjahr und Anlass, T-Shirts oder Kopftücher als Erkennungszeichen einer Gruppe usw.

■ Material und Werkzeug

— Motiv als Vorlage
— Klarsicht-Prospekthülle oder Folien vom Overheadprojektor
— spitze Schere
— Stofffarben
— je Farbe ein runder, dicker Pinsel mit kurzen Borsten (Malerpinsel oder speziellen Stupfpinsel)
— ein Plastikgefäß je Farbe (Margarinedose oder Ähnliches)
— genügend Abdeckmaterial
— Waschgelegenheit in der Nähe

■ So wird es gemacht

Am Beispiel des Baumes mit Mensch und Taube (s. auch S. 80 f.) erklären wir hier den Vorgang: Die aufgeschnittene Prospekthülle oder die Folie auf das Motiv legen.
Mit einem Folienstift die Kontur des Menschen auf die Folie malen.
Diese Fläche aus der Folie sorgfältig ausschneiden.
Eine zweite Folie nehmen, auf das Motiv legen, die Kontur der Taube auf die Folie übertragen und dann ausschneiden.
Eine dritte Folie auflegen und nur Stamm und Äste auf die Folie übertragen und dann ausschneiden.
Eine vierte Folie auflegen und die Flächen der Baumkrone übertragen und ausschneiden.

Nun wird die Folie, aus der die Baumkrone ausgeschnitten ist (s. Abbildung 4 S. 97), auf den Stoff gelegt. Ein kleiner Tropfen grüner Farbe wird in ein Plastikgefäß gegeben und mit dem Pinsel darin so verstrichen, dass die Farbe hauchdünn verteilt ist. Wenn man zuviel Farbe in den Pinsel bekommt, verläuft sie auf dem Stoff oder kleckert! Nun die Farbe mit dem Pinsel in dem Ausschnitt der Folie auf den Stoff tupfen. Niemals streichen, denn dann fließt Farbe unter den Schablonenrand!
Vorsichtig und mit sauberen Fingern (!) die Schablone hochnehmen, abwaschen und gut abtrocknen!
Die Farbe auf dem Stoff antrocknen lassen, dann die Folie, aus der der Stamm mit den Ästen ausgeschnitten ist (s. Abbildung 3 S. 96), auflegen. Da die Folien durchsichtig sind, ist es leicht, die Äste mit dem Stamm richtig zu platzieren. Mit brauner Farbe ebenso verfahren wie mit der grünen. Nur tupfen, nicht malen! Folie abnehmen und reinigen.
Farbe auf dem Stoff antrocknen lassen, dann die Folie, aus der die Taube ausgeschnitten ist (s. Abbildung 2 S. 96), auflegen, und mit blauer Farbe genauso wie bei den anderen verfahren. Schließlich die Folie, aus der der Mensch ausgeschnitten ist (s. Abbildung 1 S. 95), auflegen und mit roter Farbe tupfen.

Bei anderen Motiven muss man jeweils prüfen, welche Farbflächen auszuschneiden sind.

Den Farbauftrag beginnt man möglichst mit der hellsten Farbe oder – wie in unserem Beispiel – mit dem Bildteil, an dem man sich später am besten orientieren kann.

Wenn Schriftzüge und Linien im Bild erforderlich sind, werden sie mit einem dünnen Pinsel oder mit einem Stoffmalstift ergänzt, wenn die Farben gut getrocknet sind.

Manchmal entstehen ungeplant leichte Überschneidungen von Farben. Sie können reizvoll sein, denn sie machen das Bild lebendig. Das Verlaufen von Farbe sollte aber unbedingt vermieden werden. Darum ist für diese Technik einige Geduld nötig. Ein Haarföhn verkürzt die Trocknungszeit deutlich.

Das fertige, trockene Teil muss von links gut gebügelt werden, dann ist die Farbe waschfest.

Für die Motivauswahl gilt: Wenige klar von einander abgegrenzte Farbflächen eignen sich am besten. Zur Sicherheit sollte man sich schon auf der Vorlage die Felder genau kennzeichnen, die jeweils ausgeschnitten werden müssen.

Vorgestellt von Eva und Urd Rust, Kinderkirche Einöd.

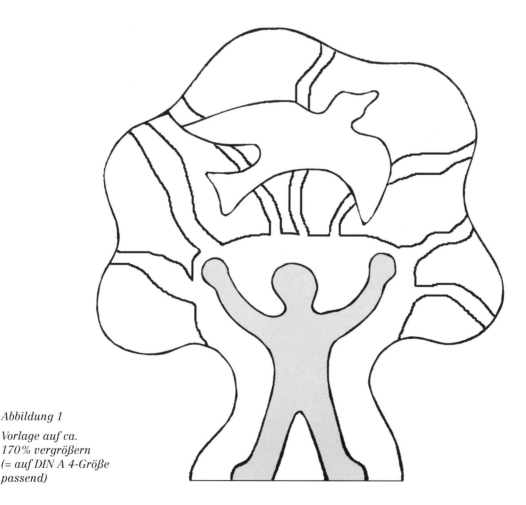

Abbildung 1

Vorlage auf ca. 170% vergrößern (= auf DIN A 4-Größe passend)

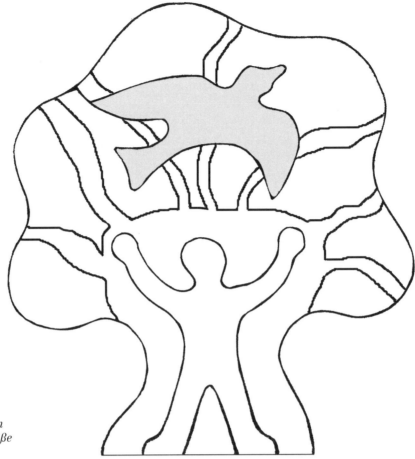

Abbildung 2

Vorlagen auf ca. 170% vergrößern (= auf DIN A-Größe passend)

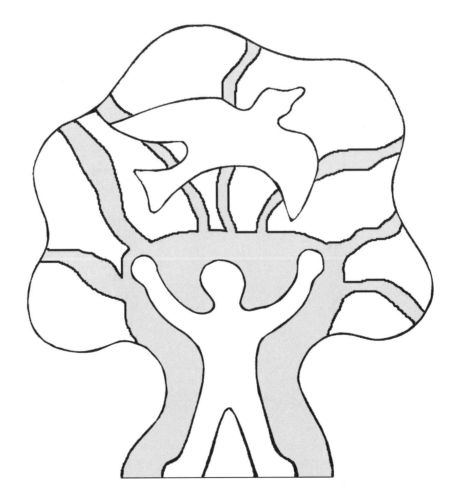

Abbildung 3

Abbildung 4

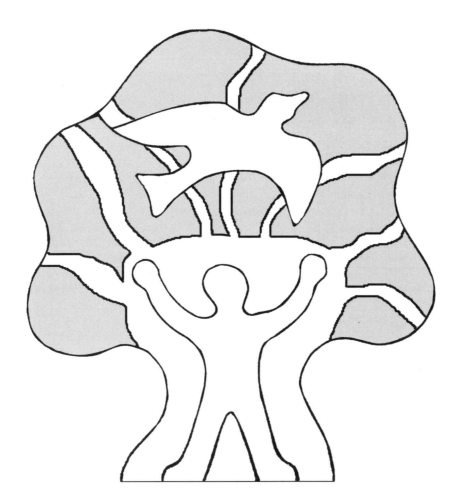

Sternen-Aufsteller

■ Idee

Eine Ausschneidearbeit, mit der man schnell einen schönen Tischschmuck (Namenschild) herstellen kann. Ist auch als Karte zum Verschicken oder als Geschenkanhänger geeignet.

■ Einsatzmöglichkeiten

In Kindergottesdiensten, bei Kinderbibeltagen usw. für Grundschulkinder geeignet, die gerade Linien nachschneiden und mit einem Schneidmesser umgehen können.
Als kleines Mitbringsel z.B. bei Besuchen im Krankenhaus, bei Senioren usw. geeignet.

■ Inhaltliche Verbindungen

Der Stern ist ein wichtiges und beliebtes Symbol in der Advents- und Weihnachtszeit.

■ Material

gelber Karton (ca. 160 g) im A 4-Format

■ So wird es gemacht

Das Muster wird in der gewünschten Größe auf den Karton kopiert. Der Stern wird ausgeschnitten und die Innenlinie mit dem Schneidmesser eingeschnitten. An der in der Vorlage markierten Linie wird der Stern gefaltet. Wenn ein einheitlicher Text auf die Klappkarte soll, kann dieser mitkopiert werden.

Vorgestellt von Jessica Scherer, Hamminkeln.

Vorlage beim Kopieren um einen DIN-Sprung (= 141%) vergrößern.

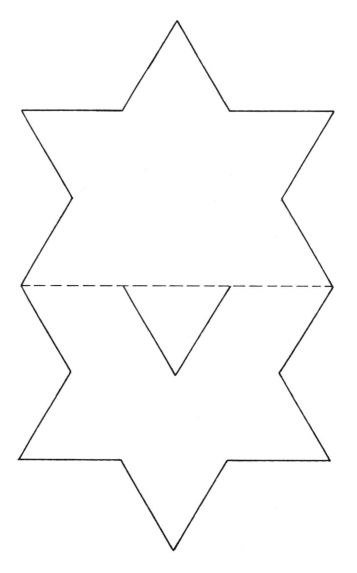

Strohkörbe – Wir ziehen alle an einem Strang

■ Idee

Gemeinsam können wir einen schönen Korb herstellen. Dabei bilden etwa je sechs Kinder ein Team, in dem jedes eine besondere Aufgabe hat. Allein wäre diese Arbeit sehr mühsam, aber gemeinsam ist es einfach.

■ Einsatzmöglichkeiten

Im Rahmen eines Kinderbibeltages oder einer Kinderbibelwoche gut geeignet, denn für einen einstündigen Kindergottesdienst ist diese Arbeit in der Regel zu zeitaufwändig.

■ Inhaltliche Verbindungen

Rettung des Mose im Binsenkörbchen (2. Mose/Exodus 2): Der entstandene Korb kann Teil einer gestellten oder gespielten Szene oder als Zeichen im Gottesdienst eingesetzt werden.
Abendmahl (Matthäus 26,17–30): Kinder stellen gemeinsam den/die Brotkörbe her und thematisieren in diesem Zusammenhang die Gemeinschaft am Tisch des Herrn. (Die Jünger bereiten den Raum für das Mahl vor.)
Speisung der 5000 (Lukas 9, 10–17): Die zwölf Körbe als Zeichen der Fülle.
Gemeinschaft mit verschiedenen Aufgaben (1. Korinther 12): Die Verschiedenheit ist notwendig, damit das Ganze gelingt. Auch die Gemeinde braucht die Verschiedenheit.

■ Material

— Stroh (möglichst lang) oder Garten-, Schilfgräser
— Bastfaden
— je Gruppe zwei Stopfnadeln mit großem Öhr

■ So wird es gemacht

Sechs Kinder bilden ein Team.
Das *erste Kind* dreht einige Strohhalme zu einem Strang zusammen (nicht zu fest, muss noch biegsam sein). Während es mit beiden Händen den Strang hält, beginnt die Arbeit für das *zweite Kind*. Es umwickelt den Strang mit einem Bastfaden.
Das *dritte Kind* reicht ständig Stroh an das 1. Kind weiter, so dass es den Strang beständig verlängern kann. Wenn der Strang ca. zwei Meter lang ist, beginnt die Arbeit für das *vierte Kind*, das nun den Strang schneckenförmig zu einer Scheibe dreht. Unterdessen arbeiten die anderen immer weiter.
Das *fünfte Kind* hat einen Bastfaden in der dicken Stopfnadel und näht die nun nebeneinander liegenden Strohstränge als »Schnecke« zusammen, so dass ein fester Korbboden entsteht.
Das sechste Kind fädelt unterdessen die zweite Nadel ein, damit die Arbeit ununterbrochen weiter geht.
Sobald der Korbboden groß genug ist, wird der Strang nach oben geführt und so der Korbrand gebildet.
Wenn das Team gut Hand in Hand arbeitet, und alle an einem Strang ziehen, kann man so in 30 bis 60 Minuten einen Korb herstellen.

Vorgestellt von Anita und Monika Fleischmann.

Tannenbaum mit Teelicht

■ Idee

Aus Sperrholz werden zwei Teile gesägt und so ineinander gesteckt, dass auf der Spitze ein sicherer Platz für ein Teelicht entsteht.

■ Einsatzmöglichkeiten

Als Dekoration und Geschenk in der Weihnachtszeit sehr schön einzusetzen.
Die Arbeit kann von älteren Kindern mit der Laubsäge gemacht werden. Wenn vorhanden, erleichtert eine elektrische Laubsäge die Arbeit deutlich, so dass andere Stückzahlen geschafft werden können.

■ Inhaltliche Verbindungen

Das Bilderbuch »Der allerkleinste Tannenbaum« von Masahiro Kasuya (Ill.) und Takeschi Sakuma (erschienen im Friedrich Wittig Verlag, Hamburg, ISBN 3-8048-4107-0), bietet sich unmittelbar an.

■ Material und Werkzeug

— Laubsägesperrholz 8 mm
— Laubsäge, evtl. elektrische Laubsäge
— Schmirgelpapier
— Vorlage für den Baum auf Pauspapier
— Leinöl oder Lack (für Kinder geeignet) und Pinsel
— eventuell Leim
— Teelicht

■ So wird es gemacht

Die Vorlage zweimal mit Pauspapier auf das Holz übertragen und aussägen.
Wichtig ist das Aussägen der Nut in der Mitte: In einem Teil wird entsprechend den gestrichelten Linien von unten her ausgesägt. Im zweiten Teil wird entsprechend den gepunkteten Linien von oben ausgesägt. Die Breite der ausgesägten Teile richtet sich nach der Dicke des verwendeten Holzes (hier also 8 mm).
Die gesägten Teile werden mit Schmirgelpapier geglättet und kreuzförmig zusammen gesteckt. Bei Verwendung von Sperrholz, wie hier vorgeschlagen, sollte die Verbindung geleimt werden.
Zum Schluss mit Leinöl oder Lack einstreichen und ein Teelicht in die Spitze setzen.

Vorgestellt von Anne Bremicker, Essen, und Angelika Kinder, Duisburg.

Vorlage mittels Kopierer um einen DIN-Sprung (= 141%) auf die Originalgröße von 17 cm Höhe vergrößern.

T-Shirts mit Sprühfarben gestalten

■ Idee

Einfache Motive werden als Schablone hergestellt. Die Schablone wird aufgelegt und dann wird mit Farbe darüber gesprüht. Das Motiv bleibt so von Farbe ausgespart.

■ Einsatzmöglichkeiten

Auf T-Shirts, Baumwolltaschen und anderen Sachen aus Stoff.
Eine Technik, die auch Kinder gut beherrschen können.
Trotz der gleichen Schablonen entsteht durch die gesprühten Farben ein immer anderes und einmaliges Muster. Bei Kinderbibeltagen und anderen größeren Veranstaltungen mit Kindern gut einsetzbar.

■ Inhaltliche Verbindungen

Als Erkennungszeichen für Kindergottesdienst und Kirche mit Kindern. Lässt sich je nach Motiv und Material auch mit einem Gedanken verbinden. Die Technik ist ebenso für die Gestaltung von großflächigen Stoffbildern zu gebrauchen, die dann eine ganze Geschichte erzählen. Da sie erst in Schablonen aufgelegt wird, diskutiert die Gruppe die Gesamtgestaltung. So ist die Beschäftigung mit der Geschichte dabei schon sehr intensiv.

■ Material

— Je Farbe eine Pumpsprayflasche (gibt es für Haarspray oder Deo u.ä.).
— Bügelfixierbare Seidenmalfarbe mit Wasser etwa im Verhältnis 1:3 mischen. (Das genaue Mischungsverhältnis ist je nach Farbe und Hersteller unterschiedlich und muss getestet werden.) Die drei Grundfarben rot, blau und gelb genügen. Dann entstehen keine hässlichen Mischtöne, wenn mit mehreren Farben gesprüht wird. Stoffmalfarben verstopfen die Düsen.
— Folie zum Abdecken der Tische, Schürzen o.ä. für die Akteure.
— Schablonen werden aus Pappe oder Papier hergestellt. Dazu braucht man doppelseitige Fotoklebestreifen zum Fixieren der Schablonen, außerdem Pappe oder mehrlagiges Papier zum Zwischenlegen.

■ So wird es gemacht

Das vorgewaschene und gebügelte T-Shirt glatt legen. Zwischen Vorder- und Rückenteil Pappe oder dickes Papier einschieben, damit die Farbe nicht durchschlägt.
Schablone/n auflegen und mit Foto-Kleber fixieren, aus etwa 30 cm Entfernung mit Farben besprühen. Farben etwas antrocknen lassen und dann erst die Schablone behutsam entfernen, so dass keine ungewollten Farbkleckse entstehen. Wenn die Farben ganz trocken sind, muss das T-Shirt von links gebügelt werden. Erst dann ist die Farbe waschfest.
Mit anderen Materialien wird entsprechend verfahren.

Vorgestellt von Anita Fleischmann, Schwabach.

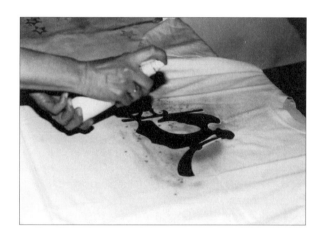

Von der Raupe zum Schmetterling

■ Idee

Aus zwei Streichholzdosen entsteht ein Döschen, in dem sich eine Raupe in einen Schmetterling verwandelt. Es ist eigentlich ein kleiner Zaubertrick, aber mit Hintersinn.

■ Einsatzmöglichkeiten

Eine schöne, einfache Bastelarbeit für Kinder. Gut geeignet auch als Partnerarbeit von Großen und Kleinen.

■ Inhaltliche Verbindungen

Die Verwandlung von der Raupe zum Schmetterling ist ein sehr altes Symbol für Auferstehung: Die unscheinbare, langsame, erdgebundene Raupe finden wir wieder als farbigen, leichten, ungreifbaren, aber wunderschönen Schmetterling. Es ist dasselbe Lebewesen und doch ganz anders.
Manchmal tragen alte Grabsteine dieses Zeichen. Kinder haben zu dieser Symbolik einen sehr guten Zugang.
Damit könnte diese Bastelarbeit auch ein etwas anderes Ostergeschenk sein.

■ Material und Werkzeug

— zwei leere Streichholzschachteln mit Schubern
— 4–6 kleine Holzperlen für die Raupe
— dünner Zwirnfaden
— farbiges Papier (evtl. Regenbogenpapier) für den Schmetterling
— Papier, Stoff, Naturmaterial zum Verzieren der Schachtel
— Klebstoff
— Schere, Nadel

■ So wird es gemacht

Die Dose (= Puppe): Die beiden Streichholz-Schachteln werden Öffnung an Öffnung zunächst mit Klebeband verbunden. Dann kann diese Doppelschachtel rundum verziert werden, so dass von dem Übergang zwischen den Schachteln nichts mehr zu erkennen ist. Die beiden Schuber werden eingesetzt. Sie müssen sich bewegen lassen. Evtl. kann die Innenseite der Schuber verziert werden.

Die Raupe: Holzperlen werden mit Hilfe einer Nadel aufgefädelt, den Faden um die letzte Perle herumführen und nun vom Ende her noch einmal durch die Perlen führen. Mit einem Knötchen auf der Spitze bilden die beiden Fadenenden nun die Fühler der Raupe. Mit gutem Klebstoff die Fäden in der Kopf-Kugel fixieren.

Der Schmetterling: Es gibt mehrere Möglichkeiten für die Herstellung eines Schmetterlings, bei dem immer die Größe zu der Schachtel passen muss. Je nach Alter der Kinder kann hier ausgewählt werden.
a) Mit einem Stempel Schmetterlinge »drucken«, bunt bemalen, sauber ausschneiden.
b) Eine Schablone herstellen (Vorlage siehe rechte Seite), mit deren Hilfe Schmetterlinge auf Regenbogenpapier oder Geschenkpapier gezeichnet werden. Ausschneiden, evtl. ein Doppelfädchen als Fühler ankleben. Vorlagen für Fensterbilder u.ä. können die Herstellung der Schablone erleichtern.
c) Entsprechend der Vorlage (rechte Seite, unten) die Form aus schönem Geschenkpapier ausschneiden. Das Teil in feinem Zickzack falten, in der Mitte mit einem Faden abbinden. Die Enden als Fühler stehen lassen. Die Flügel vorsichtig auffalten.

Zusammenbau
In einen Schuber wird (heimlich) der Schmetterling gelegt. Beide Schuber stecken nun in der Dose. Wenn die Schmetterlingsseite weiter hinein geschoben wird, drückt sie die leere Schachtel heraus. Dort wird nun die Raupe mit entsprechender Erzählung hineingelegt. Wenn der Schuber geschlossen und weiter durchgeschoben wird, erscheint auf der anderen Seite die Verwandlung – der Schmetterling.

Vorgestellt von Susanne Brandt, nach einer Anleitung aus dem Buch »Der Frühlingsspielplatz«, Don Bosco Verlag, 2000; ergänzt von Brigitte Messerschmidt.

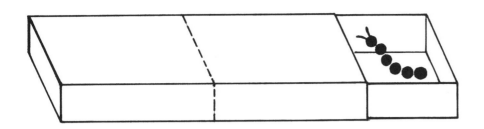

Schmetterling-Schablone für Variante b

*Vorlage für Variante c
Die ganze Form zick-zack falten in
ca. 1/2 cm breite Streifen oder schmaler*

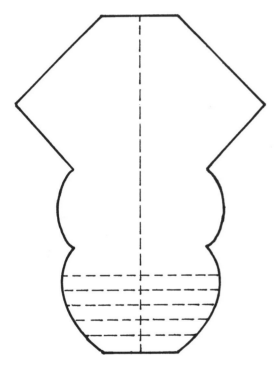

Weg-weise-r

■ Idee

Aus zwei gleichseitigen Dreiecken, die einzeln wie Pfeile aussehen, wird ein Davidsstern.

■ Einsatzmöglichkeiten

Als Zeichen und Zeichenhandlung im Gottesdienst, als Advents- und Weihnachtsschmuck im Fenster, am Weihnachtsbaum, im Brief u.a. mehr.

■ Inhaltliche Verbindungen

Die Weisen fragen: Wohin sollen wir gehen? Wo ist der neu geborene König, der Bedeutung für die Welt hat? – Sie finden das Kind in der Krippe.
Auch wir fragen: Wohin sollen wir gehen? Verschiedene Richtungen werden uns angegeben. Und wenn wir genau hinsehen, entdecken wir den Wegweiser, der für uns Bedeutung hat: den Davidsstern. Die Weisen, die Könige, weisen uns auf den Heiland hin. So werden die Weisen uns zu Wegweisern auf dem Lebensweg. Es ist weise, ihnen zu folgen.

■ Material

— Wachswabenplatten, wie sie zum Kerzenrollen verwendet werden
— Schablone für ein gleichseitiges Dreieck
— Lineal und scharfes Messer
— Schneidunterlage

Wer nicht mit Wachs arbeiten will, kann auch gelben Karton für die Sterne verwenden. Dann müssen die Teile geklebt werden. Allerdings ist der Lichteffekt bei Wachs sehr viel schöner.

■ So wird es gemacht

Je zwei Dreiecke werden ausgeschnitten. Sie zeigen als Pfeile in verschiedene Richtungen. Wenn ich sie zusammenfüge, entsteht der Davidsstern, der mir die Richtung zeigt.
Die Wachsplatten haften ohne Klebstoff aneinander. Ein Aufhängefaden kann mit einer Nähnadel durchgezogen werden.

Vorgestellt von Jessica Scherer, Hamminkeln.

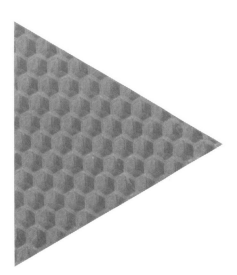

Zerteilte Zungen
Pfingstflammenlichter aus Friedhofslichtern

■ Idee

Leere Becher von Friedhofslichtern (oder in katholischen Gemeinden auch von Ewiglichtern) werden durch Bekleben mit Transparentpapier zu schönen Pfingstlichtern.

■ Einsatzmöglichkeiten

Erinnerung an das Pfingstwunder. Die Herstellung ist äußerst preiswert, da die gebrauchten Hülsen von Friedhofslichtern oder Ewiglichtern Abfallmaterial sind. Schon die Jüngsten des Kindergottesdienstes sind in der Lage, Pfingstflammenlichter zu basteln.

■ Inhaltliche Verbindungen

Erinnerung an Gottes Geist, Gottes Licht und Gottes Gegenwart
Das Pfingstwunder (Apostelgeschichte 2)

■ Material

— gebrauchte Becher von Friedhofs- oder Ewiglichtern
— Kleister und Pinsel oder Klebestifte
— Transparentpapier, vorwiegend gelb und rot
— Teelichter und Streichhölzer

■ So wird es gemacht

Der Kleister wird nach Gebrauchsanweisung angesetzt. Transparentpapier in Streifen reißen, was reizvoller wirkt als es zu schneiden. Die gereinigten leeren Behälter der Friedhofs- oder Ewiglichter außen mit Kleister oder Klebstoff bestreichen und die Transparentstreifen aufkleben. Zu große Überstände des Papiers zurechtreißen. Teelicht einsetzen und entzünden.

Vorgestellt von Gudrun Winkel und Kerstin Thein, Kindergottesdienst Hervest.

Register der Bibelstellen

Seite

1. Mose/Genesis
1	71, 80, 82, 83
2	12
6–8	52, 68, 71
7–9	43
11	71
15,1–6	50
39,19–23	50

2. Mose/Exodus
2	99
14	71
20	77

4. Mose/Numeri
20	43
22–24	77

Psalm
23	12

Jesaja
43,1	18

Daniel
6	50

Jona
2,1-11	50

Matthäus
2	41, 104
5,13f	12
6,28–34	82, 83
13,1–23	82
13,31–42	83
13,44	71
18,20	12
26,20	16
26,17–30	99

Seite

Markus
2,1–12	35
4,1–20	70
4,30–32	71
4,35–41	35
6,31-44	35
7,31–37	63
8,1–9	35
10,13–16	35

Lukas
2	41
5,1–11	35, 50, 58, 84, 85
9,10–17	99
10,25–37	35
10,38–42	35
15,11–32	35
19,1–10	35

Johannes
10	12
11,25	16
15	12
21	84, 85

Apostelgeschichte
2	105

1. Korinther
12	99

Stichwortverzeichnis

Advent 10, 21, 65, 70, 91, 93, 98, 104
Altar 10, 12, 88
Altardecke 72, 74, 94
Arche 43, 52, 68, 71, 88
Auferstehung 14, 16, 21, 65

Baum 71, 80, 100
Bibel 88
Bühne 32
Button 18

Engel 93
Erntedank 77

Ferien 60, 68, 88
Filmdosen 61
Finger 63
Fisch 21, 58, 64, 68, 84, 85, 86, 92
Frieden 80

Gebote 77
Gemeindefest 64, 74, 77, 85, 86
Glocke 91

Hände 63, 73
Heiliger Geist 105
Herz 93
Hirte 12, 68

Ichthys (siehe auch: Fisch) 58, 64, 68, 85, 86

Kerze 65
Kinderbibelwoche/-tag 27, 44, 46, 48, 58, 74, 84, 85, 101
Kirchenjahr 21
Knete 67
Konfirmation 14, 65, 76
Kopftuch 74, 94
Kreuz 12, 71, 92

Labyrinth 19
Liturgie 70
Luft 59
Mandala 14, 16, 23
Memory 35, 61

Name 18, 52, 59, 74, 98
Noah 43, 52

Ostern 14, 21, 23, 29, 60, 65, 77, 102

Parament 21
Passion 14, 21, 29, 70
Pfingsten 21, 65, 105

Schattenspiel 46
Schatzkiste 71
Schmetterling 102
Schöpfung 80, 82, 83
Schulanfang 18
Spielfiguren 27, 29, 30, 41, 44, 46, 48
Stern 71, 98, 104
Strohkorb 99

Tasche 74, 94, 101
Taube 71, 80
Taufe 14, 56, 65, 68, 76, 80
Teelicht 23, 100
Tod 14, 16, 65

Weihnachten 10, 21, 23, 29, 41, 60, 65, 68, 91, 93, 98, 100, 104
Wette 88

Zeitschrift 60
Zwirbelbilder 50

Register nach weiteren Kriterien

■ Alter der Kinder

Geeignet ab Kindergarten-Alter:
19, 26, 32, 44, 56, 58, 61, 64, 67, 73, 77, 82, 83, 93, 104, 105

Geeignet ab Grundschulalter:
10, 12, 14, 16, 18, 21, 23, 27, 29, 30, 35, 41, 43, 50, 52, 59, 63, 65, 70, 71, 74, 76, 84, 85, 88, 91, 98, 101, 102

Geeignet ab Teenie-Alter
32, 46, 48, 60, 68, 72, 74, 80, 86, 92, 94, 99, 100

■ Veranstaltungslänge

Geeignet für bis zu einstündige Kindergottesdienste
14, 16, 18, 19, 23, 26, 32, 35, 41, 44, 46, 50, 59, 61, 63, 64, 65, 67, 70, 71, 73, 76, 77, 82, 83, 84, 85, 93, 98, 102, 104, 105

Geeignet für längere Veranstaltungen:
10, 12, 21, 27, 29, 30, 32, 41, 43, 44, 48, 52, 58, 60, 68, 72, 74, 76, 80, 86, 88, 91, 92, 94, 99, 100, 101

■ Hauptmaterial

Bienenwachs / Verzierwachs / Kerzen
65, 93, 104

Blumentopf
91

Drahtgeflecht
70

Holz (auch besondere Holzzuschnitte usw.)
12, 18, 29, 32, 46, 48, 52, 70, 74, 80, 85, 92, 100

Kostenlose Abfallprodukte
27, 44, 52, 61, 83, 105

Kreide
77

Lebensmittel
67, 77

Linoleum
68

Luftballons
64

Moosgummi
74

Nägel
43

Naturmaterial
14, 16, 70, 82, 99

Papier/Pappe
10, 23, 32, 35, 41, 43, 44, 46, 50, 58, 59, 60, 64, 68, 71, 76, 77, 83, 84, 88, 98, 102, 105

Peddigrohr
84

Sand, auch farbig
71, 82

Schnur
19

Stoff/Stoffprodukte
14, 21, 27, 29, 30, 44, 46, 48, 72, 94, 101

Stofffarben/Seidenmalfarben
21, 72, 94, 101

Ton
86

Verpackungsmaterial aus Maisstärke
26

■ Techniken

Drucken
68, 74, 86

Falten
23, 59, 101

Hämmern
52, 43

Kleben
10, 18, 29, 30, 32, 43, 44, 52, 58, 64, 70, 71, 82, 83, 84, 102, 105

Kneten
67

Legen
14, 16, 19

Malen
10, 12, 18, 21, 29, 32, 35, 41, 43, 50, 52, 58, 64, 65, 72, 77, 76, 83, 86, 88, 91, 94, 101

Sägen
12, 18, 29, 32, 46, 70, 80, 92, 100

Schneiden
10, 18, 23, 27, 29, 32, 35, 41, 43, 44, 46, 48, 50, 58, 59, 65, 68, 74, 83, 84, 93, 94, 98, 101, 102, 104

Schreiben
60, 88, 98

■ Wer arbeitet für wen

Von Kindern selbst herzustellen:
10, 12, 14, 18, 23, 26, 27, 29, 30, 35, 41, 43, 44, 50, 52, 58, 59, 61, 64, 65, 70, 71, 72, 74, 76, 77, 82, 83, 84, 85, 88, 91, 93, 94, 98, 101, 102, 104, 105

Von Mitarbeitern herzustellendes Arbeitsmaterial:
12, 19, 21, 27, 29, 30, 32, 35, 41, 43, 44, 46, 48, 56, 58, 61, 67, 68, 70, 72, 74, 77, 80, 86, 100, 102, 104

Von Mitarbeitern für Kinder herzustellen:
14, 16, 18, 21, 23, 35, 56, 60, 61, 65, 72, 80, 86, 91, 92, 93, 94, 98, 100, 101

Das fertige Produkt ist als Arbeitsmittel wiederverwendbar:
10, 12, 21, 23, 27, 29, 30, 32, 35, 41, 43, 44, 46, 48, 58, 61, 68, 72, 74, 80, 88, 99, 100

Bezugsadressen für einige spezielle Materialien

Bastelbedarf im Versand

Firma Labbé, Postfach 1425,
50104 Bergheim, Telefon 02271-4949-0

Als Verlag, Postfach 1440, 64114 Dietzenbach,
Telefon 06074-821650

Schafmeister, Postfach 9280, 32739 Detmold,
Telefon 05231-9560-0

Diehl, Postfach 10 08 36, 73708 Esslingen,
Telefon 0711-366110

Holzkranz, gedrechselt

Reise- und Versandbuchhandlung Wilfried
Schüll, Donkerweg 56 b, 41748 Viersen
Telefon 02162-914576 (ca. 45 Euro)

Reifendreher, die diese besondere Technik
beherrschen, sind vor allem im Erzgebirge zu
finden. Leider liegen uns keine Adressen vor.

Playmais

Die Adresse des Herstellers:
Hubert Loick VNR GmbH, Heide 26,
46286 Dorsten, www.playmais.com

Fischer-Tips

Kleinere Mengen sind im Spielwarenhandel erhältlich. Sondergrößen für Kirchengemeinden,
Kindergärten und Schulen können direkt bei
Artur Fischer TIP GmbH Co. KG,
Weinhalde 14-18, 72178 Waldachtal
bezogen werden. Telefon 07443-124863;
Fax 07443-124865;
E-Mail: spiel@fischertip.com
Internet: www.fischertip.com

Verpackungsmaterial aus Maisstärke

u.a bei: TransPak AG, In der Au 7c,
35606 Solms, Telefon 06441-9555-0,
Fax: 9555-53
E-Mail: info@transpak.de,
http://www.transpak.de
Der Artikel heißt Bio 8 Füllmaterial und wird in
400-Liter-Säcken geliefert.

Weitere Anregungen

Weitere Anregungen zur kreativen Gestaltung von Kindergottesdiensten, Kinderbibeltagen und -wochen sind häufig über die Landesverbände für Kindergottesdienst und die Arbeitsstellen für Kindergottesdienst in den Gliedkirchen der EKD zu bekommen.
Adressen aus der gesamten EKD finden Sie im Internet über den Gesamtverband für Kindergottesdienst in der EKD e.V.:
www.kindergottesdienst-ekd.de

Materialien zur gottesdienstlichen Arbeit mit Kindern gibt es in verschiedenen Verlagen. Auf zwei Produkte weisen wir gerne besonders hin:
Vor allem für katholische Gemeinden empfehlen wir das Materialheft »Kindermessbörse« von Willi Hoffsümmer.
Das Heft erscheint vierteljährlich im Verlag Kindermessbörse,
Hoher Turm 5, 31137 Hildesheim,
Telefon 05121-6 6700, Fax 05121-64664
E-Mail: webmaster@kindermessboerse.de
Internet: www.kindermessboerse.de

Als Vorbereitungsheft für den Kindergottesdienst vor allem in evangelischen Gemeinden empfehlen wir die Zeitschrift »Evangelische Kinderkirche«, die ebenfalls vierteljährlich im Verlag Junge Gemeinde erscheint.
Postfach 100355,
70747 Leinfelden-Echterdingen,
Telefon 0711-99078-19, Fax 0711-99078-25
E-Mail: vertrieb@junge-gemeinde.de
Internet: www.junge-gemeinde.de

Als Verteilblatt für die Kinder im Kindergottesdienst empfehlen wir: »Für euch! Der Jugendfreund«. Das Blatt erscheint in vierseitigen farbigen Wochennummern. Es werden jeweils 16 Nummern zusammen ausgeliefert.
Weitere Informationen im Internet unter:
www.jugendfreund.de
oder beim »Verlag Der Jugendfreund«, Postfach 100355, 70747 Leinfelden-Echterdingen

Auflösung des Rätsels von Seite 7

Durch Umlegen der drei gekennzeichneten Streichhölzer und des Auges an die angedeuteten Stellen ergibt sich die Lösung: der Fisch schwimmt in die entgegengesetzte Richtung!

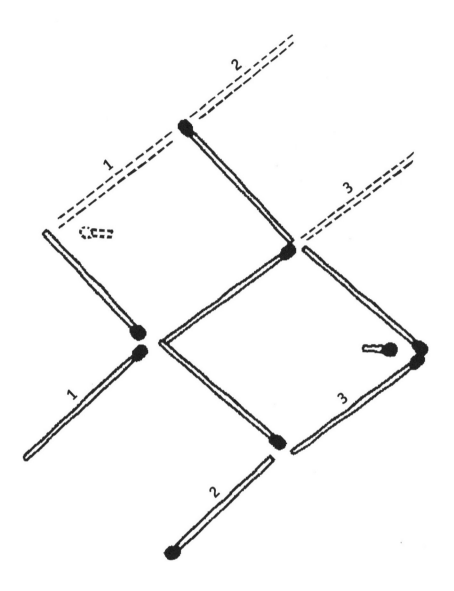

Materialien zur Gemeindearbeit – *bisher erschienen:*

»Materialien zur Gemeindearbeit« ist eine ökumenische Buchreihe für die Arbeit mit Kindern.

Bildhaft-praktische Modelle und kreative Ideen für

- Kindergottesdienste
- Familiengottesdienste
- Schulgottesdienste
- Kinderbibeltage
- Familiennachmittage
- Kindergruppen

Verlag Junge Gemeinde

Verlag Kath. Bibelwerk

Alma Grüßhaber
Komm im Gottes Schöpfungsgarten
Gottesdienste zum Schauen und Staunen für Kinder ab 2 Jahren

128 Seiten, kartoniert, DIN A 4
€ 13,90 – Abo-Preis € 12,90

ISBN 3-7797-0377-7 (VJG)
ISBN 3-460-25001-1 (kbw)

Ute Bögel
Auf die Punkte, fertig, los!
40 pfiffige Spielideen für Kindergruppen und Kindergottesdienst

80 Seiten, kartoniert, DIN A 4
€ 13,90 – Abo-Preis € 12,90

ISBN 3-7797-0387-4 (VJG)
ISBN 3-460-25002-X (kbw)

Alma Grüßhaber
Feiern, freuen, fröhlich sein
Kleinkindergottesdienste im Kirchenjahr

128 Seiten, kartoniert, DIN A 4
€ 13,90 – Abo-Preis € 12,90

ISBN 3-7797-0391-2 (VJG)
ISBN 3-460-25003-8 (kbw)

Pia Biehl / Alma Grüßhaber
Gott baut ein Haus, das lebt
Feste und Aktionstage für Kinder und Familien

120 Seiten, kartoniert, DIN A 4
€ 13,90 – Abo-Preis € 12,90

ISBN 3-7797-0399-8 (VJG)
ISBN 3-460-25004-6 (kbw)